告诉父母如何正确运用直觉、爱心以及责任感来教养男孩

男孩就该有男孩样
——让男孩走向健康、成熟、自信的七个秘密

【美】梅格·米克（Meg Meeker, M.D.）著　聂传炎 译

中央编译出版社
Central Compilation & Translation Press

献给"T"——
你能成长为男子汉,这让我感到非常自豪!

当传统的养育模式面临着越来越大的挑战时，我们需要开发新的理念与方法来养育男孩。《男孩就该有男孩样》一书中既有相关医学、心理学理论的支撑，也提供了大量具体生动的实例，是一本养育男孩的必读书。

——中国教育报刊社全媒体中心副主任、资深记者 郜云雁

《男孩就该有男孩样》告诉我们，真正影响男孩决策的不仅仅是父母的言辞，也不仅仅是父母的管教，而是他与父母之间的联系——对于家庭浓浓的归属感。

——中国家庭教育学会宣委会副秘书长、《中华家教》主编 陈光

我与丈夫育有一儿一女。

妈妈与儿子、爸爸与女儿，这种"大金星vs小火星"、"大火星vs小金星"的对角线组合里到底会发生什么，我们从各自的交叉关系里需要获得什么，应该给予什么，常常让我与丈夫感到困惑甚至束手无策。

真心感谢梅格·米克博士，她为我们提供了专业可信的答案。"女儿为何需要爸爸的实用主义""妈妈如何帮助儿子度过青春期""父母如何应对媒体对男孩心智造成的影响"……所有这些有意思的命题都来自她的三本书《强爸爸 好女儿》《好妈妈 强儿子》《男孩就该有男孩样》。我相信，它们当中至少有一本会成为爸爸或妈妈的枕边书。

——《父母世界》执行主编 朱正欧

目 录

序 言　养育健康男孩的七大秘诀　　1

第1章　被困的童年时代　　1
　　　　男孩面临着危险　　5
　　　　分清轻重缓急　　9

第2章　摆脱虚荣心的束缚　　15
　　　　五分爱，一分教　　18
　　　　不要纵容你的儿子　　21
　　　　做儿子的盟友　　23

第3章　大自然的启发　　25
　　　　阳台上的冒险　　27
　　　　森林里的秘密　　30
　　　　约西与红松鼠　　36
　　　　在自然中探索与成长　　40

第4章 电子产品的不良影响　45
　　媒体对男孩心智的影响　52
　　谨慎对待电视节目　61

第5章 如何帮助青少年男孩?　67
　　如何辨别青春期疾病　72
　　让男孩学会自律　75

第6章 男孩需要鼓励　79
　　母亲的接纳　84
　　父亲的认可　85
　　比赛的意义　87
　　健康的竞争　92

第7章 母亲的作用　95
　　母亲的本能　98
　　母爱的体现　100
　　守护儿子的单纯　104
　　捍卫儿子的尊严　109
　　给予儿子爱的恩典　110
　　情感联络员　111
　　让母爱放松下来　113
　　脱离不健康的母爱模式　118
　　听从母爱的直觉　125

第8章　父亲的作用　129

父亲的祝福　134

父亲的陪伴　141

永不放弃对儿子的爱　142

成为儿子的榜样　144

第9章　从男孩成长为男人　147

引导男孩走向成熟　150

自我反省　151

确立人生观　153

勇往直前　158

第10章　信仰的意义　165

信仰对男孩的积极影响　169

男孩为何需要信仰　175

第11章　男孩渴望具备哪些美德？　183

诚　信　187

勇　气　189

谦　卑　190

温　柔　193

善　良　197

第12章　十招确保你调教有方　203
　　做他安全的港湾　206
　　由内而外地培养他　207
　　激发他的男子汉气概　208
　　引领他找到目标和激情　210
　　教导他乐于助人　211
　　教育他尊重自己和他人　213
　　鼓励他坚持不懈　216
　　成为他心目中的英雄　217
　　给予他充分的关注　219
　　全心为他付出　221

致　谢　224

序 言

养育健康男孩的七大秘诀

我认为,这本书有点类似于写给家长的冒险书。畅销书《男孩的冒险书》(The Dangerous Book for Boys)充满了有趣的信息和内容,男孩子都喜欢阅读,但许多成人却试图否定它们。树上的房子?太危险了。男孩可能会掉下来,摔伤胳膊。昆虫和蜘蛛?太恶心了。你想教他们如何打猎,如何制作弓箭,并演习历史上的重大战争——你疯了吗?

事实上,这些事都是男孩感兴趣的,对他们没有任何害处。作为儿科医生,我见到许多男孩摔伤过胳膊,被蜘蛛咬过,或者在树林中玩战争游戏时擦伤过膝盖。这是成长过程中的必经之路。但是,虽然活泼的男孩喜欢这些健康的娱乐活动,许多家长却对此不以为然。与此同时,家长们却认识不到那些对男孩真正充满危险的事物,如流行音乐、电视和电脑游戏,这些东西会削弱他们的感受力,妨碍他们的成长进程,让他们远离真实的人际交往,并无法精力充沛地进行有益的户外锻炼;而且,这些东西也让他们与父母疏远开来,降低他们对生活的期望。

在本书中,我打算揭示许多家长们的误解和谬见,以及许多具有误导性的看法。这本书基于我本人的从医经历、相关科学数据和若干常识(许多成人由于阅读了太多"政治正确"的亲子书籍,因而误解了这些常识),提供了若干可行的建议。我关注的不是"政治正确"的东西,而是真实并对男孩最有益的东西。据我所知所见,在养育男孩的问题上,"政治正确"的东西与真实的东西通常是截然相反的。而我觉得,我们现在理当将儿子的利益放在首位。

男孩就该有男孩样

阅读过本书以后，读者会了解如何养育出健康幸福的男孩，让他们具备诚实、勇敢、谦逊、温柔（乐意不动用武力）、善良的品质。养育这样的男孩有些诀窍，其中主要包括七大要点。我先在这里简单概括，在随后的各章节里，我会具体谈到它们的内涵以及如何运用它们。

- ◎ 懂得如何鼓励你的儿子。娇生惯养男孩是不对的，但过于严苛也是不对的，这样你就无法和儿子交流，并会损害他的自尊。我们会探讨如何在两者之间保持平衡。
- ◎ 了解男孩的需求。猜猜他想要什么？不是新款电脑游戏，而是你。我们会探讨如何最充分地利用自己和儿子相处的时光。
- ◎ 男孩天生就需要到户外活动。健康的男孩需要冒险的感觉，而户外活动能给予他这种冒险感。
- ◎ 男孩需要规则。男孩天生就有男孩的行为规范。如果你不确立规则，他就会感到不知所措。
- ◎ 健康的男孩需要具备正直、自律等各种美德。事实上，正是这些美德让男孩能够成为男子汉。男孩需要家长帮助他具备这些美德。你要意识到，酗酒、吸毒和发生婚外性行为的男孩并不是"正常"少年。不幸的是，有害的文化将这些行为反常地社会化了。
- ◎ 学会教导儿子了解有关人生的重大问题。你的儿子希望并且需要知道：他为何会出生，他人生的目的何在，以及他的存在为何非常重要。如果男孩不能充分而合理地理解这些问题，就极有可能误入歧途，做出自毁自弃的行为。
- ◎ 始终要记住：你是儿子生命中最重要的人。

为人父母并非易事，但我要在这里告诉大家，几乎每个家长都具备正确养育儿子所需要的品质。你具备直觉和爱心，同时也具备引导儿子人生的责任感。本书将会告诉你如何运用这些品质。

Chapter 1
Boyhood under Siege

第 1 章
被困的童年时代

每个男孩都渴望与父母变得更加亲密,因为他在身体和情感上都依赖他们。

第 1 章
被困的童年时代

我们都知道,正常的少年时光是什么样子的。我们都记得哈克·费恩①的生动形象,记得男孩怎样互换棒球卡,怎样在后裤兜里装上弹弓,怎样在树上建造房子并禁止女生参与。家有男孩的父母都知道,儿子天生就想当领导者、保护者和给予者,想要行侠仗义,惩治坏人。蹒跚学步的小男孩不需要任何人鼓励,就能捡起小树枝,将它们当作宝剑。

身为人母和儿科医师,我遇见过许多活泼可爱的男孩。但是,在很长时间里,我们都试图打着平等的旗帜,欺骗自己说,男孩与女孩并没有差别,或者我们觉得有必要鼓励女孩变得更强势,更喜欢竞争,热爱数学和科学。我们觉得需要制止吵闹的男孩,让他们变得更听话、更顺从、更安静。身为女医生,我当然鼓励女孩们提高她们的理科成绩,但不幸的是(在社交生活中屡见不鲜),社会在塑造我们的孩子时,试图让他们远远背离自己的天性。我以前的作品《强爸爸 好女儿》(*Strong Fathers, Strong Daughters*)探讨了女孩们所面临的挑战。但很有可能,如今男孩面临的挑战甚至更大,因为我们长期以来都没有充分认可男孩的需求和特征。

男孩和女孩为这个世界带来不同的礼物。我们需要让男孩发展其天

---

① 马克·吐温的长篇小说《哈克贝利·费恩历险记》的主人公。——编者注

性，承认淘气的童年时代是宝贵的，并懂得如何引导这些年幼的男孩——是的，他们会在口袋里藏青蛙，会将头发弄得脏兮兮的，曾经干过用棒球打碎玻璃窗的坏事——成长为成熟、自信而富有思想的男子汉。

男孩会做女孩或女人们从来不会做（或不想做）的事情，但这些事情自有其价值。以 8 岁的赛特为例，在我从医 20 多年以后，他终于教给我非常值得了解的事情：如何布下陷阱来捕熊。

"米克医生，首先你得挖个非常大的坑。这个坑要非常大，能够让你跳进去，"他大大地张开双臂，向我表明这个坑究竟需要挖多大，"然后，你需要在坑中插满削得非常尖的木棒。然后，你可以折断树枝，用许多树枝来盖住这个坑。"说到这里，他的双臂大幅度地挥动起来，做出折断树枝并铺好它们的样子。

"蒂米和我会在顶上再铺些树叶和枝条，这样，熊就不知道那里有陷阱了。"

在向我讲述如何布置陷阱捕熊时，赛特充满了幸福感和自豪感。于是，我问他看见过熊没有。只有几次他回答说，也许见过十只八只。

然后赛特又补充说，当然只有在夜晚才能看见那些熊。听到这里，他的妈妈翻了翻眼珠。白天，当男孩制作陷阱的时候，熊要呼呼大睡；此外，他家的后院中只有寥寥几棵树，而熊通常都生活在茂密的森林中。

二年级的男孩会在树林中制作捕熊的陷阱。他们会将长沙发当成航空母舰的飞行甲板，并用剃须膏画出起飞时的跑道。四年级的男孩会用"德拉诺"牌凝胶和铝箔将两升装的柠檬瓶炸得粉碎，还会用弹丸枪打碎电灯泡。六年级的男孩会制作火箭。他们也会比赛骑自行车，直到体力不支为止，然后精疲力竭地和朋友们开怀大笑。他们为什么会这么做呢？因为好动而健康的小男孩喜欢考验自己身心的极限，这件事本身会让他们非常开心。他们喜欢摔跤和踢足球，喜欢花心思制作各种玩意儿，毁掉和修理各种东西，弄清楚事物是如何运行的；他们乐意在每件事情上成为行家里手，无论是制作捕熊的陷阱，还是棒球统计学。

第 1 章
被困的童年时代

男孩面临着危险

然而在今天，男孩自然而健康的童年时光受到了威胁。这种威胁不仅来自于贬低男子汉和男孩气质的教育体系；也来自于广受争议的社会变化，比如普遍的离婚现象和单亲家庭的产生，这让孩子失去了尽职负责的父亲；还来自于有害的流行文化，这种文化既危及女孩的健康，同样也贬低了男孩。

身为父母，我们知道，男孩的童年时光变得每况愈下。我们希望男孩能够像赛特那样，用树木建造城堡，或者布置捕熊的陷阱，而不是在电脑游戏中射击陌生人。我们记得以前的男孩常常去钓鲑鱼，坐在树荫下做着关于未来的白日梦；如今我们却担心，男孩正在用 iPad、耳塞和电脑色情内容将自己和我们隔绝开来。我们多半是在 20 世纪六七十年代乃至于八十年代长大的，那时，男孩看电视并没有多大的害处，因为当时电视网络还坚持普遍的道德共识。但是如今，当低俗恶心的对话，以及下流、想象力贫乏的图片信息向孩子铺天盖地地涌来时，我们只能摇头苦笑。即便在他们观看足球赛的时候，我们也会感到难受，因为电视广告会向他们灌输伟哥和阳痿，镜头中无疑还会出现风骚放荡的成年女人。我们表面上在忙这忙那，内心里却非常焦急不安。在过去的十年里，心理学家们谈到了男孩承受的感情困扰。教育工作者也发出了警告，因为初高中男生的学习成绩比女生要差得多。他们的 SAT 分数都非常低，能够从高中和大学毕业的人数更少。根据我的从医经历来看，申请医学院的男生人数也减少了。

美国儿科学会提醒儿科医师应该及早诊断出自闭症儿童，因为自闭症男孩的人数正在呈上升趋势。后来我们发现，在过去十年中，患上多动症的男孩人数急剧上升。这种疾病对女孩的影响不像对男孩那么显著。在我 20 多年的从医实践中，我从未像过去五年那样，见到过这么多患有学习障碍、多动症、怀有厌倦感和沮丧感的男孩。

与此同时，社会学家提供了大量分析报告来探讨下述现象的社会后果：性别平等、单亲家庭（通常是女人带着孩子）、令人震惊的高离婚率、离婚以后不肯支付孩子抚养费的爸爸、团伙暴力活动，以及年轻男人所承受的巨大风险（尤其是在无父家庭中长大的美国黑人）。

我们对统计数据变得无动于衷，同时却又担心我们的儿子也会被纳入统计数据之中。他会从高中辍学，开始酗酒或吸毒吗？他会在今年严肃地考虑自杀吗（惊人的统计数据表明，每10个男孩中就有一个这样的孩子）？他会走进高中礼堂并听见教室里的枪声吗（但愿这种事情不会发生！）？还有车祸呢？我们知道，任何青春期男孩（即便是个好孩子）都可能会毫无顾忌地飙车，而车祸是导致他们死亡的首要原因。兴许车上还会有几个失足朋友和好几罐啤酒呢。

当然，我既不是心理学家，也不是老师或社会科学家，只是一个接触过无数男孩的母亲和儿科医师而已。我和自杀男孩的家长们促膝长谈过，也见到许多男孩放弃毒品和暴力以后，在业界获得了极大的成功，并过上了美好的生活。多年以来，我关心和留意过许多深陷各种不同处境的男孩，并深信自己是他们的拥护者。

男孩遇到麻烦了吗？如果的确如此，那么与前人相比，他们面临的危险更大吗？是的，毫无疑问。但是，和某些心理学家、社会学家和教育家不同的是，我认为伤害男孩的问题主要有三个来源：与成年男人（尤其是父亲）缺乏亲密关系，缺乏宗教教育，以及过度受到不健康媒体的影响。这些媒体向男孩灌输的思想是，美好人生的关键就是性爱、性爱、更多的性爱，以及大量的钱财和名声。

教育家和政治家们在谴责教育体系，想要纠正它的弊端。社会学家们在谴责毒品、酒精和贫穷，希望强化法律，提供更多的福利和工作机会。许多心理学家则主张说，我们抑制了男性的情感，现在需要对男孩更加敏感，教会他们如何通过有益的方式来表达愤怒或其他情感。

这些观点无疑都很有道理，但却忽略了一个大问题。他们忽略了整个男孩——一个生命完整的男孩。通常我们关注的只是男孩的局部问题。如果他的注意力无法集中，我们会给他开处方药。如果他有学习障碍，我们会聘请家庭教师辅导他。如果他运动能力很差，我们会给他找教练。我们非常细心地关注着孩子的方方面面，却忽略了他们真实的天性。

我们必须要认识到，男孩需要的不仅仅是更多的教育、更多的处方药、更多的金钱或更多的活动。他们需要的是我们，你和我。他们需要父母细心地关注他们的想法和行为；他们需要父亲接纳自己，并用老鹰般犀利的眼睛留意他们的举动。

与我们小时候相比，如今的男孩拥有不同的世界。大多数男孩不敢在日落以后骑自行车，因为他们担心会被绑架。对我们的孩子来说，世界变得越来越可悲。但幸运的是，我们可以将他们带回家，让他们再次享受到欢乐的童年时光，让他们成为无忧无虑的男孩，以此来缓解他们的压力（包括我们觉得对他们有益的压力，例如，取得好成绩以便进入常青藤联校）。我们可以让他们在街区中尽情地玩耍，举行非正式的棒球比赛；可以让他们找到安全的树林躲藏起来，天马行空地发挥想象力；可以建立家庭图书馆，给他们准备许多经典的冒险书籍。

外面的世界过于残酷了，所以你的儿子需要有个避风港。下文概述了目前美国男孩的生活状况。

教 育

◎ 在 1～5 年级的美国男孩中，21% 的人被鉴定为具有学习障碍（包括语言障碍和情绪问题）。

◎ 被诊断为多动症的男孩数目是女孩的 7 倍（8%～10% 的学龄儿童被诊断为多动症）。

◎ 男孩的高中毕业率为 65%，女孩则为 72%。

◎ 黑人男孩的高中毕业率低于半数（46%），拉美裔男孩的毕业率则刚刚过半（52%）。

◎ 在大学在读本科生中，女性比例为 56%，男性比例为 44%。

◎ 在研究生院的学生中，女性比例为58%。

抑郁症

◎ 12%的男孩严肃地考虑过自杀。

酗酒

◎ 11%的男孩承认曾经酒后驾车。
◎ 27%的男孩承认曾经喝酒过量（接连喝下超过5杯酒）。
◎ 29%的男孩在13岁以前喝过酒。

吸烟

◎ 31%的男孩抽烟。
◎ 18%的男孩在13岁以前抽过烟。

携带武器

◎ 29%的男孩承认携带有武器（枪、刀或棍棒）。
◎ 10%的男孩携带过武器上学。
◎ 43%的男孩最近打过架。

性行为

◎ 42%的白人男孩、57%的拉美裔男孩，以及74%的黑人男孩在高中毕业以前频繁地发生过性行为。
◎ 8%的男孩在13岁之前发生过性行为。
◎ 16.5%的男孩与4个以上的性伴侣发生过性行为。

身体健康

◎ 16%的美国男孩超重。

◎ 40%的男孩不按时上学校里的体育课。

这些数据会让人感到不安，但类似的数据还有很多。以我平生所见，医生们以前仅仅担心两大类通过性行为传播的疾病，而现在他们要担心30多种。我们在数目惊人的患者身上发现了这些疾病，年轻的患者也越来越多。举例来说，在12岁以上的美国人中间，1/5的人患有第二型单纯疱疹；9/10的生殖器疱疹患者不知道自己患上了疾病。这种流行病不仅要花钱治疗，还会让人抑郁（这让20%的高中生深受其苦），并会毁掉年轻人的人格，从而导致其他各种病变。

分清轻重缓急

每个男孩的人生都由三件事奠定：他与父母的关系、他与上帝的关系，以及他与兄弟姐妹和知己的关系。

如果这三种关系非常牢靠，每个男孩都能在学术和体育挑战中脱颖而出，从容地应对有害文化和同龄人的压力。因此，请读者现在暂不考虑儿子的分数或体育成绩，而是将他视为一个完整而完全的人。他就像任何一个人那样，有些深层需求必须得到满足。如果父母不能满足这些需求，那么其他人就有可能影响到他们的性格和抉择。男孩人生中最重要的人物莫过于他的父母。你绝不应该对儿子听之任之。对他来说，没有人比你更重要了。

你需要花更多时间来陪伴儿子：和他谈话，和他玩耍。你需要让他少上网，多到户外玩耍。他需要认识到，上帝是存在的，他的存在并不是偶然的。他需要并且渴望你运用自己的智慧、成熟和人生经验来帮助他。我们可以从如下几个方面着手。

男孩需要和父母建立稳固的情谊，周而复始。每个男孩都毫无例外地渴望与父母变得更加亲密，因为他在身体和情感上都依赖他们。

男孩就该有男孩样

如果与父母相处时间太少,男孩会因此感到痛苦。这个道理我们都懂。调查表明,21%的孩子希望父母花更多时间陪伴他们。但在对他们的父母进行问卷调查时,只有8%的父母说他们需要花更多时间来陪伴孩子。我们只想跟上日常生活的节奏,乃至于看不见孩子真正的需要;他们需要的只是我们,需要我们花更多时间来关注他们。

当我们无法陪伴孩子而急于做出弥补时,会给他们各种有害无益的东西。但孩子并不需要各种东西,他们需要的是我们,哪怕只是待在我们身旁,看我们如何应对生活,如何交谈、倾听和帮助他人,以及如何做出抉择。每个儿子都是父亲的徒弟,但他学习的不是父亲的专业技能,而是他的为人处世之道。

如果男孩的父亲表现得像个合格的男子汉,那么他们就能模仿父亲的行为。他们需要看到男人做各种事情,需要男人为他们确立原则——如果你不教给他们待人处世的原则,他们就会盲目地追随 MySpace、YouTube①或学校中的坏孩子,自己来确立原则。父亲需要给孩子树立合格的楷模。这就是儿子需要从父亲身上学到的东西。他乐意崇拜父亲,并变得像父亲那样。这给父亲带来了重重压力,但做父亲原本就不是一件轻松事。所幸的是,父亲真正需要做的不过是陪伴儿子,与他共处,让他观察自己的言行并向自己学习。

詹森10岁的时候,来找我进行年检。我当时非常确信,健康的亲子关系对儿童的整体健康具有至关重要的作用,于是我在见面之初就问起他们的父子感情。

"你的爸爸还好吗?"我眯着眼睛检查他的耳朵,边看边问。

"很好。"他的回答很简洁,10岁的男孩通常都是这样。

"你喜欢和他做些什么呢?"

"什么事都做,我觉得。问题是爸爸刚找了份新工作,他真的非常非

---

① MySpace和YouTube是两个全球闻名的社交网站。——译者注

第 1 章
被困的童年时代

常忙……"他说着说着，声音变得越来越低。

"真遗憾，"我说，"我敢肯定，他的新工作让你很不好受。你肯定非常想念他。"

"哦，他没到外地去。这点还不错，他在家的时间更多了。但是，当他在家的时候，只是忙着工作。他整天都坐在笔记本电脑前。这让我觉得很讨厌。妈妈也是，她经常发牢骚。但她不该这样，你知道，他只是在完成他必须做的事。"

然后，这个聪慧的小男孩说了些非同寻常的话：

"是这样的，嗯，米克医生，爸爸以前在家的时候，经常和我在户外做许多零星的杂活儿。比如劈柴啦，制作标本啦。他现在几乎没时间做这些事了，但我觉得没关系。重要的是，我仍然可以待在他身边。当他在客厅的电脑旁工作时，我也可以进去。只要他在那里，我就会做家庭作业或读书，因为待在爸爸身边让我感到非常开心。"

这个 10 岁的男孩知道，他的爸爸在从事繁忙的工作。而他的爸爸也知道，自己工作的时候让儿子坐在身旁，就是帮助儿子的最好办法。詹森从父亲那里得到了他想到的东西。他的父亲就在他身旁，他和父亲在并肩工作。在某种意义上来说，他们是个团队。

我敢保证，晚上在父亲身边做功课让詹森变成了更优秀的学生。如果詹森的父亲放下工作，帮助他完成家庭作业，或者在车道上和他玩投篮游戏，这样的话，他们共同度过的时光是否会变得更美好、更充实呢？也许会。但他的父亲别无选择。投篮当然有趣得多，但重要的是：詹森拥有自己的父亲。

当男孩成长到十几岁时，许多家长都害怕花时间去陪伴孩子，或者在孩子身旁时对他们抱着不切实际的期望。因此，他们常常会完全逃避青春期的儿子，认为他们不再需要爸爸或妈妈的陪伴了。千万别这样做。男孩在十几岁时比他在 6 岁时更需要你。他只是不想让你知道这点。

同样重要的是，不要利用与儿子共处的时光来教训他，告诉他认清自己的朋友和爱好。这种做法是徒劳无益的。除了带来沮丧以外，这毫无意义。如果我们期望与儿子始终相处得轻松愉快，这也只会让人沮丧。离异的父亲常常会掉进这种陷阱。他们想要让儿子留下美好的回忆。他们会非常努力地这样做，但冲突或问题是不可避免的。在遇到冲突的时候，他们就会觉得人生仿佛崩溃了。但人生并没有崩溃。事实上，痛苦和快乐都能铸就更坚固的情谊，父母必须乐于坚持不懈。在人生的战场上和儿子风雨同舟，化险为夷，然后继续轻装前行，在未来创造更多的欢乐。

要点其实很简单：只要决心更多地陪伴儿子即可，不管这共处的时光是否充满了矛盾、争辩、大笑或沉默。所有这些东西都是必不可少的。任何东西都取代不了孩子人生中与父亲（或母亲）共处的时光，任何东西都不能。不要幼稚地以为，其他人或事可以取代你在孩子人生中的位置。你是无可取代的。

他不需要你给他买各种物品，拽着他去看曲棍球比赛，或加班加点地工作来买更高档的房子（尽管他或许会努力说服你，让你相信所有这些东西都很重要）。他需要看到你自豪地微笑，看到你如何解决难题，看到你如何面对矛盾并克服自己的沮丧感。最重要的是，他需要知道，在他需要你的时候，你会在他身旁。如果他知道这一点，就会觉得自己的整个世界是坚固的、安全的。给予他这种安全感以后，他就会主动地用功学习，在钢琴课上集中精力，并在童年时享受各种美好的乐趣。

如果儿子期望你教导他认识上帝，那你应该满足他的要求。具有坚定宗教信仰的儿童和青少年在学校里表现得更优秀，不太可能做出危险的举动，同时也更有可能生活得开心，并很好地适应社会。这是个不争的事实。有必要在这里重申的是，研究再三表明，宗教能够：

◎ 帮助孩子远离毒品；

◎ 帮助孩子远离性行为；

◎ 帮助孩子远离香烟；

- ◎ 在道德上引导孩子；
- ◎ 提高孩子的自信心，培养他们更积极的人生态度；
- ◎ 促使孩子更好地从童年向青春期过渡；
- ◎ 帮助孩子确立界限，远离烦恼；
- ◎ 帮助青少年积极地展望人生；
- ◎ 帮助青少年生活得开心愉快；
- ◎ 帮助大多数青少年克服人生的困境和烦恼；
- ◎ 帮助孩子更好地接纳自己的身体和外表；
- ◎ 帮助孩子学到更多的领导技能、应对技能和文化资本。

有些家长可能会对宗教这个话题感到不安，但宗教信仰和实践属于你能够提供给孩子的最佳保护。上帝对男孩很重要，对许多成人也很重要，因为它提供了港湾，是人们能够求助的最高权威；它也提供了意义，让人们意识到自己在宇宙中的位置。因此，信仰上帝能够建立自信，是对抗抑郁的有效手段，同时，信仰也提供了道德诫命。培养男孩子的道德框架是极其重要的。我们会在随后的章节谈到，男孩天生就具有道德准则。即便3岁的男孩都知道，何者为对，何者为错。通过捍卫和强化这种道德原则，他们获得了安全感。

花时间陪伴孩子，教导孩子认识上帝，是需要首先考虑的两件事。此外，还有第三件重要的事：父母的职责也包括维持家庭的和平与稳定，尽量减少孩子与兄弟姐妹之间的竞争。当然，所有的男孩都会和兄弟姐妹打架。兄弟姐妹之间的正常竞争在成长过程中是必需的，事实上它能够完善男孩的人格。但是，竞争对他是有益还是有害，在很大程度上取决于家长是如何处理竞争的。如果父母承认这种竞争，认为它是正常的，并采取简单温和的方式来处理它，那么它就是有益的。但是，如果父母刺激兄弟姐妹之间的竞争，比如当某个儿子始终受到哥哥的欺负或姐姐的斥责时却对此坐视不管，那么，结果就会是极具破坏性的。不应该让儿子必须通过努

力才能赢得你的关爱,他在你心中的位置不应该是脆弱的、可有可无的。否则,他就会讨厌上学,也不会在游戏中感受到快乐,他的人格就会变得越来越脆弱。

男孩必须学会如何在家庭中维持健康的人际关系,这会为他未来的人际关系奠定基石。男孩如果觉得受到了兄弟姐妹、祖父母和父母的排斥,也会觉得受到了其他人的排斥。但是,如果他们在彼此信任和尊重的家庭中长大,和家人相处得非常融洽,那么,他们就会成长为自信的男子汉。家庭和睦比事业有成更加重要。当然,人生中的各种事情有轻重缓急之分,我们需要加以斟酌权衡;但如果父母希望孩子健康茁壮地成长,就应该始终将家庭放在首位。

在男孩的生活中,从学龄前到高中阶段,最重要的事情莫过于:与父母保持健康的关系,信仰上帝,并拥有亲密的家庭生活。如果我们真正希望儿子拥有最美好的童年时光,将来成长为最优秀的男子汉,那么我们就应该朝这个方向努力,这些基石决定了其余的方方面面。

Chapter 2
Bucking Peer Pressure

第 2 章
摆脱虚荣心的束缚

父母往往容易忽略自己的直觉，急匆匆地加入望子成龙的大军，督促孩子要出人头地。

第 2 章
摆脱虚荣心的束缚

家长习惯于将儿子的行为归咎于同龄人的压力。如果约翰尼不大声辱骂幼儿园老师,那我的儿子萨姆就不会这样做。从男孩进入小学以后,我们就苦恼于其他人的不良影响。

但是,在男孩的人生中,有一种压力比同龄人的行为重要得多。那就是我们这些家长自身所承受的同龄人的压力。

看到朋友的儿子参加了大学篮球队,有多少父亲会忍不住鼓励自己的儿子多打篮球呢?看到朋友的儿子比自己的儿子更加忙碌,有多少母亲会让儿子报名学习更多的跆拳道或钢琴课程呢?我们都有这样的经历。

我们这些操心过度的父母始终在想:还应该再为孩子做点什么?我们应该为他找个家庭教师,我们应该在他14岁时为他谋个差事,我们应该……大家还可以列举很多。这就是我们竭尽全力做的事情——思考还能帮上儿子什么忙。但这样想恰恰是错误的。父母自身的人生状态和他们的陪伴要重要得多,至于他们做什么则次要得多,至于他们给儿子买什么,自然更是无足轻重了。事实上,我们应该为孩子安排更少的活动(同时也要少担心)。

现在来盘点一下你为儿子操办的事情,以及你这么做的缘故。儿子现在参加了多少活动?他喜欢这些活动吗?或者你其实只是利用它们来让自己不再担心他"参与得不够多"?

来自同龄成人的压力落在孩子身上时,主要体现在体育、学术和艺术这几个领域。如果汤姆 11 岁的儿子为踢足球而开始练习举重,那么,我们就会希望自己 10 岁的儿子也开始练习举重,因为我们的儿子更加强壮。如果保罗儿子的成绩在班级里排名前 10%,那么,我们就希望自己的儿子排名在前 5%。如果吉姆的儿子钢琴弹得很好,能够开办音乐会,那么,我们就会给儿子报名,让他参加更多的钢琴课,以免落后于人。

以我的经验来看,每个合格的家长都能够凭着直觉知道,什么对孩子有益,什么无益。问题在于我们忽略了自己的直觉,急匆匆地加入望子成龙的父母大军,督促孩子要出人头地,脱颖而出。

现在我们来仔细审视自己希望儿子在 25 岁时具有怎样的品格,又是怎样努力地培养他这种品格的。你当真希望儿子首先是个出色的棒球运动员,然后才是个正直的男人吗?或者你希望这个顺序能够反过来?

当我们确定了动机和目标以后,就在教育儿子的问题上成功了一半。家长们承受的压力往往很大。我认为,富裕的家长往往很难克制自己不将儿子的生活安排得满满当当,很难不给他买太多的东西。要抗拒这种诱惑。记住,儿子更希望拥有你,而不是任何其他东西。如果安排他参加各种活动,让他远离你的身边,只会导致事与愿违。

五分爱,一分教

父母始终在抱怨,儿子不听话。儿子对他们的管教置若罔闻,无动于衷。其实,管教男孩是有诀窍的。男孩几乎会做父亲想要他们做的任何事情。即便在 3 岁的年纪,每个男孩也都希望得到父母的爱护、认可与重视。他确定这点的最简单途径就是看到爸爸或妈妈开心地待在他的身旁。这种需求是不会改变的。家长的责任就是理解并满足这种需求。由于大多数家长常常累得精疲力竭，要做到这点其实并不容易。而当男孩成长到十几岁，在家里待的时间越来越少时，我们就会感觉到压力，觉得应该迅速而明确地表达我们的看法。

简而言之，我们常常会不假思索地和儿子说话（或训斥他们），而不是去倾听他们的感受。如果家长不倾听孩子，孩子只会将他的训斥当成耳边风。如果父亲再三打断儿子的话或批评他，儿子就不会听从他的建议。事实上，在父亲或母亲开口之前，大多数儿子早就很清楚他们想要表达的看法了。儿子知道你的好恶、愿望，或你对他们的期望。正是因为这一点，在与十几岁的孩子打交道时，倾听比说话更加重要。

许多人都听过这句格言："每批评孩子一次，随后必须赞美他/她七次。"同等重要的是，在男孩十几岁的时候，每当你和他们相处不快（批评或纠正他们）时，你也应该花更多的时间来和他们愉快相处（倾听他们）。

男孩会倾听他们所尊重、喜爱、崇拜或敬畏（不是消极的恐惧）的人，而拒不倾听那些只会批评、挖苦或敦促他们的成人。作为家长，如果你常常会不由自主地批评和数落自己的孩子，那就赶紧停止这种做法。在整整一个月里都不要这样做。否则你只会白费气力，伤害儿子的同时也伤害你自己。你与儿子之间的沟通方式，极可能是你小时候与自己父母之间的沟通方式。家长们会采取自己熟悉的做法，而不是儿子真正需要的做法。

由于布兰特担心15岁儿子林肯的行为，父子俩来到了我的办公室。林肯不仅破口大骂自己的父亲，还在夜里偷偷溜出家门，开始试着吸毒。他的成绩也直线下降。布兰特不知道拿"这个孩子"（他这么称呼林肯）怎么办。

最初的十分钟，我让布兰特先说。他显然需要发泄自己的不满。

"我就是搞不懂，"他说，"我把什么东西都给了这个孩子。他在学驾驶课程，玩曲棍球，上的是私立学校。但他就是不肯上进，好好用功。他跟着很多坏小孩鬼混，谎话连篇。我从未对我父亲撒过谎，我对自己的父

亲要有礼貌得多。"

然后林肯开始说话。他有点犹豫，说话声音很轻。当他说话时，布兰特根本不看他，神情充满了沮丧和厌恶。

"我的爸爸，他就是搞不懂，我是说，我是个好孩子。他不给我任何机会，从来都不相信我……"他的父亲打断了他的话。

"我为什么要那么做？你只会撒谎！"

我让他住口。

"瞧瞧，我说对了吧，他恨我。他整天都在唠叨我。我做的每件事都不对。我不够聪明，我是个替补守门员。为了让我成为球队里的头号守门员，他甚至还和我的教练打过架。你说那有多难为情？"林肯停下来。

我向他的父亲做了个手势，示意他不要插话。"你想从爸爸那里得到些什么呢？"我问林肯。

他垂下脑袋，沉默了很久。

"什么都不想要，我不要任何东西。"他咕哝着说。

布兰特变得面如死灰。

"布兰特，"我问，"你的父亲是怎样对你说话的？"

"我的父亲——我告诉你——我的父亲不会容忍任何孩子胡来。不会像我这样容忍这个孩子胡来。"

"我不是这个意思。我是问，你的父亲是怎样和你说话的？"

他睁大双眼，仿佛受到惊吓似的。然后他盯着我，忘掉了林肯。房间里的氛围发生了变化，变得柔和多了。林肯抬起头，想要看看父亲的反应。突然之间，他非常想听听父亲的回答。

"其实非常坏，相当差。他始终在批评我。他希望我变得强壮有力，并且喋喋不休地向我强调这一点。我猜，他觉得指出我的缺点以后，我就会变得更好。但这种做法没用。它让我放弃了努力，对任何事都放弃了努力。"

林肯的脸上掠过惊讶和悲伤的表情。随着布兰特和我的交流，我们都清楚地意识到，他正在沿用当年父亲对待他的方式对待林肯。他现在意识到自己正在伤害林肯，于是他向儿子道了歉。

那么，他应该为林肯的撒谎、吸毒和成绩下降负责吗？不，不完全是他的责任。可是他持续不断的批评无疑让林肯感到孤立无援，自暴自弃，对父亲的话丝毫不感兴趣，并很容易寻找其他东西（毒品与不良朋友）来肯定自己。

布兰特在意识到自己的行为以后，做出了两个重大改变。他没有沉浸在愧疚当中，而是开始挑战自己。他克制自己的怒气和下意识的反应。在开口之前，他会重视倾听，然后更深入地了解。开口时，他会提供明智的建议（在提供建议的时候，他会考虑，如果将林肯换作他本人，他是否也会听从这些建议），而不是动辄批评。在征得林肯的同意以后，他也努力花更多时间与儿子相处，并避免训斥他。他们也会尽量做些彼此都感兴趣的事情：野营、钓鱼，偶尔还会去滑雪或在雪地中行走。时间并不长，但他们都很开心。大约过了一年，林肯告诉我，其实他放弃了好几次练习曲棍球的机会，以便父子俩能够单独玩耍。而最大的喜讯就是，林肯不再撒谎了。他也不再悄悄在夜间溜出家门。他在努力改变自己。

时间、关心、爱护和赞赏，这是每个男孩都需要父母多多给予的东西。我敢保证，如果大多数父母与儿子的互动能够围绕这四个要素，那在必要的时候，纠正和管教他们就能发挥效果。当男孩知道自己赢得了父母喜爱的时候，他们就会尽力听从父母的教导。但如果不在关爱和管教之间保持平衡，男孩就会误入歧途。

不要纵容你的儿子

男孩爱玩，喜欢寻求乐趣并敢于冒险。他们喜欢恶作剧，寻求刺激，所以和他们相处是很开心的事。鉴于他们爱玩的天性，美国的家长们会纵容他们，助长他们的乐趣。我们之所以这样做，是因为我们希望男孩生活得开心。如果我们去问任何家长希望自己 8～18 岁的儿子将来成为什么样的人，他／她都极有可能回答说，只希望儿子生活得幸福。

然而，问题在于：幸福就足够了吗？期望儿子生活幸福比希望他成为优秀的男子汉更加重要吗？

为了尽力帮助儿子生活得开心，我们会为他们倾其所有。我们会给他们玩具、衣服、金钱，并让他们尽情娱乐。我们在无意中教导他们：获得比给予让人更开心。那些生产小玩具的公司因此瞄上了我们，他们利用我们的愧疚、恐惧，榨取我们的钱财。但是我们忘了，占有所产生的幸福感往往会转瞬即逝；更糟糕的是，它会刺激我们更多的欲望。很快地，男孩不再满足于价值 100 美元的篮球运动鞋，转而想要 120 美元的。所得越多，所求也就越多，人便开始热衷于占有。作为父母，我们穿过很多鞋子，因此我们知道，鞋子不过是鞋子而已。但在面对自己的儿子时，我们愿意让自己犯傻。也许这款 Wii 游戏、那件足球运动衫或那块滑板会让他感到开心，至少会高兴一阵子。

但是千万要非常谨慎。让孩子感到开心并没有错，但问题在于如何让孩子感到开心。笔记本电脑可以让儿子读到好文章或研究成果，但也能让孩子在卧室中浏览黄色网站，而色情内容会严重危害男孩的健康。

很多男孩子会要求在卧室里看电视。青少年需要空间和隐私，也希望自己选择看什么节目。男孩在卧室里观看足球赛转播有什么不妥吗？当然没有，但他在卧室里不会光看足球。在观看整整一小时电视（尤其是体育赛事）的过程中，谁能担保他不会看到大量淫荡并含有挑逗意味的色情内容呢？当男孩子看到屏幕上的乳房、脏话以及针对 12 岁孩子说的黄色笑话以后，与看电视之前相比，他的想法肯定会稍稍有些变化。每个青少年都坚持认为，电视不会影响他的想法，但家长不能犯傻。电视是个垃圾场，粗俗的广告商和流行文化的皮条客在其中大放厥词，指望引诱你的儿子在里面找到感兴趣的杂碎玩意儿。

对于电视、电脑和电话，你需要充当孩子兢兢业业、严格认真的过滤器。你需要确立若干基本原则。不要将电视或电脑放在他的房间里，它们是整个家庭公用的，这样更安全。有许多影响是你无法阻止的，但在自己的家中，有些影响无疑是你可以阻止的。

记住，过多观看内容低俗或接近于青少年性行为的节目，不会让你的儿子感到开心。无疑，它也不会帮助他成为优秀的男子汉。

而节制则能同时做到这两点。限制儿子过多地看电视、玩游戏或过度讲究穿着，事实上能够帮助他变得更开心，更优秀。对男孩子来说，缺乏节制是有害的。除了你以外，他别无所需。

做儿子的盟友

和流行的看法相反，并非任何年龄的男孩天生都会反叛父母。从很大程度上来说，那种儿子憎恨父母的现象，是由流行媒体在部分心理学家的协助下杜撰出来的。可悲的是，许多人要在首次察觉到儿子的吼叫、顶嘴和抵制以后，才会感到非常着急。

但是，6岁或16岁的男孩子并不是天生就会憎恶自己的父母。毫无疑问，随着他的成长，他渴望更加独立，但反叛或令人不快的行为既不是天生的，也不是正常的。

部分问题仍然要归因于流行文化。在这种流行文化中，粗鲁的儿子和迟钝的父亲几乎是所有情景喜剧的常态，整个行业（包括相当多的流行音乐）都在孜孜不倦地鼓动青少年反对自己的父母。尽管父母认为传统价值观能够守护男孩的身心健康，这种价值观却受到了嘲讽。

身为父母，我们需要意识到：就此而言，流行文化是我们的敌人；它在争抢我们的孩子，我们必须击败它。永远别忘记，在儿子眼中，你是了不起的。所有的统计数据都表明，在男孩的人生中，在他决定是否酗酒、吸毒和发生性行为时，没有任何东西比父亲更重要。因此不要放弃你的权威。不要认为孩子希望你成为冷漠而迟钝的父亲，这不是他想要的。要是你越过了这道底线，那就会覆水难收。每个男孩都讨厌父亲变得滑稽、迟钝，或者行为举止酷似他十几岁的同龄人。他想要尊敬你，仰望你。

大家也许都吃惊地见过，有些年幼的男孩，乃至于蹒跚学步的儿童，对父母说话时会非常无礼。也许一个三年级的孩子会冲着父亲吼叫，这时父亲是怎么做的呢？他会耸耸肩膀，假装不理会这个孩子吗？很可能会这样。如果他这样做，那是因为他调整了我们对父子间正常举止的看法。长久以来，媒体都将反常的行为当作家常便饭，以至于我们都习惯了它们。但这是不应该的。如果要阻止这种现象，我们不仅需要限制孩子接触到媒体这个垃圾箱，也需要始终让儿子知道，你是他的盟友。音乐人、编剧和电影制片人都会悄悄地走近男孩身旁，试图让他们相信：父母是他的仇人，他们这些流行文化的皮条客比父母更了解他。他们告诉孩子，他们了解他的想法和感受，他应该购买他们的 CD 或 DVD。

要意识到这不是自古如此的。即便你的儿子接受了它，他也知道，这不是天生的。事实上，他知道，人生不应该是这样的。他知道，他的妈妈比世界上任何人都更关心他，他的父亲是个合格的男子汉，而他本人也应该成长为具有个性和道德力量的年轻人。

现在带领男孩迷途知返吧。他们等着我们完善他们的男性气质，敦促他们成为健康的男孩，并成长为具有众多美德的成年人。但他们无法独自完成这个目标。他们都是孩子，因此，让我们开始努力帮助他们吧。

Chapter 3
Bullfrogs and Racecars

第 3 章
大自然的启发

男孩对大自然的热爱是出于他们对自由的渴望与缅怀。

第 3 章
大自然的启发

"我的丈夫常常不在家。"安妮脱口而出,恼怒而困惑地摇了摇头。"我真是无法理解男人和树林,史丹离不开那些树林。他会走进树林里,十分钟以后,全身都脏兮兮的。夏天时,他会坐在小船中,漂几个小时,等着鱼儿来咬钓竿上的鱼饵。冬天时,他会穿着雪靴在树林周围晃荡几个小时。"

"对了,"她恍然大悟,"水,他肯定和流水或冰雪有亲缘关系。他非常喜欢接触水,也许他前辈子就是条鲸鱼。"

丈夫经常不见踪影,跑到湖上或树林里去玩。安妮实在无法理解他的爱好,这让她感到非常沮丧。是什么冲动促使他跑到户外去呢?她认为,他们的婚姻很美满,但她经常会嫉妒冰雪和湖水!所以,尽管生活在寒冷的北方,安妮并不喜欢过白色的圣诞节。

事实上,许多男人都听见过野性的呼唤,而这通常会产生奇怪甚至有益的影响。

阳台上的冒险

15 岁时,艾里不再像从前那样反叛或标新立异了。划着独木舟与同伴们进行了六个星期的野营以后，他回家了。如今他很肯定，宅在家中不是男子汉干的事情。谁需要床、枕头和铺着地毯的卧室呢？在漆黑的星空下呼吸着新鲜空气并安稳入睡，不知道比这要美好多少倍！

于是，艾里向家人宣布，他再也不需要自己的卧室了。在后院的小草地上，他会为自己建造个小房间。

妈妈告诉他，这个主意太荒唐了，而且夜晚独自待在室外非常危险。于是，艾里想出了新的备用方案。在他家二楼，他妹妹卧室的窗子下面有个阳台。艾里将它视为开有天窗的临时帐篷。他可以像野营时那样，悄悄地睡在那里，最好不用告诉妈妈。不管怎么说，阳台也属于这座房子。因此，严格说来，他仍然睡在家中。

到了睡觉时间，艾里找来了睡袋和手电筒。在妹妹入睡以后，他悄悄地溜过她的房间，小心地打开她的卧室窗子，然后翻过窗子，来到小阳台上。他需要蹑手蹑脚地走在木质地板上。他想象着自己正站在高高的悬崖上，下面是岩石密布的河流，这让他感到非常自由。他打开睡袋，钻了进去，然后将拉链拉好。他现在安全了，又独自面对着群星、树枝和墨黑色的夜空，这让他感到非常惬意。

第二天早上，当他的妈妈打开卧室门准备叫醒他时，大声惊呼起来。他的床和房间都收拾得非常整洁。妈妈以为他离家出走了。妈妈叫醒他的妹妹，一起冲下楼，大声地呼唤他。也许他在客厅的长沙发上睡得正香呢。但是天哪，楼下根本没有他的影子。

妈妈要他的妹妹上楼，准备去上学，自己打算打电话报警。当妹妹走进自己的卧室时，艾里正在窗子旁，准备翻进来。

在设法让妈妈恢复平静以后，艾里说服她让自己继续在阳台上睡觉。他会没事的，而且向她保证，没有人能够从护栏下面看到他。在随后的两个月里，艾里将这个小阳台当成了自己的卧室。他不必再偷偷地溜进妹妹的房间，因为妹妹很欢迎他。艾里觉得，妹妹其实很喜欢他睡在阳台上，这样她就不会感到害怕，他成了她的保镖。

第3章
大自然的启发

到了十月底,艾里的妈妈开始为万圣节装饰房子。艾里喜欢过万圣节,他决定用南瓜来装饰阳台。他找到了几个很小的南瓜,将它们挨个放在护栏的顶上。

在万圣节的前几天,艾里翻过卧室的窗子,到阳台上去睡觉。夜间变得越来越冷,冷到他能看到自己呼出的白气。因此,他迅速地钻进睡袋,将脸上的风帽裹紧。他已经非常习惯夜晚的凉爽空气,很快就睡着了。

凌晨时分,天还没亮,艾里就被奇怪的声音惊醒了。他听见了嚓嚓声和轻微的喘气声。有人就在他的身旁,但他看不见是谁。他仍然仰躺在睡垫上,心怦怦乱跳。他也不敢将白气呼到空气中,以免被这个小偷看见。

接着,他又听到了喘气声和轻微的砰砰声。有人在他的正下方!声音变得越来越大,他想进屋去,但他不敢打开睡袋。忽然,艾里觉得自己露宿户外的计划显得愚蠢之极。他怎么会想出这个点子?这又不是他参加野营活动的加拿大,而是个人口密集的街区。掩耳盗铃会很有趣,但此时却非常不现实。

他尽量纹丝不动地躺在那里。他感到有人走到他的右边,站在他的脑袋旁边。借助眼角的余光,他看到有只手正抓着阳台的护栏,很快就要碰到他了!他还没想好怎么办,就从睡袋中嚯地坐起来。他脸上仍然裹着风帽,转向护栏,盯着对方的脸。黑暗中无法辨认出对方的面孔,艾里大叫起来。而对方看到一团蒙着脑袋的暗物,也大声惊叫起来:"妈呀!"

两个人就这样互相盯着,尖叫了几分钟。然后,对方扔掉了他显然想要偷走的南瓜,从阳台掉到了地面上。艾里听见了砰然落地和树枝折断的声音。他从睡袋里探出脑袋,转向护栏边。他看到那个人在楼下的树丛里扭伤了身体,然后骑上自行车(报纸被捆在车的后座上),很快地逃之夭夭。

艾里来到学校以后,和最好的朋友说了有个小偷试图偷走阳台上的南瓜的事情。艾里说,如果他找到那个坏小子,会把他揍得屁滚尿流。

早上第一节课的铃声响了,艾里去上数学课。当其他同学鱼贯而入的时候，艾里发现，"粉红瓦特"有些不对劲。瓦特在二年级时经常穿粉红色的纽扣衬衫，所以得了这个绰号。他撇着嘴角，右臂还缠着石膏绷带。

艾里忍不住了。他跑到瓦特的课桌前，脱口而出："嗨，瓦特，你怎么摔伤了胳膊？"

"我早上上学时，从自行车上摔下来了。"他说话时似乎早就打好了腹稿。"当然是这么回事。"艾里回敬说。他想要奚落他，证明他的错误，但还是忍住了。艾里知道，瓦特失败了，摔伤了胳膊。15岁的艾里意识到，瓦特承受了足够多的羞辱。瓦特也意识到，艾里知道了事情的真相，因此用眼神祈求艾里不要告诉任何人。突然之间，艾里有点同情他，觉得他非常可怜。于是，艾里点了点头，让瓦特放心：这个秘密除了他俩以外，不会再有第三个人知道了。

在读大学和研究生期间，艾里作为户外生存学校的教练员，在怀俄明州的崇山峻岭中度过了好几个暑假。在举行婚礼的那天早上，新娘找不到他的影子。他的被子仍然叠得整整齐齐，他感到害怕并逃走了吗？后来，她在屋外找到了他，他在枫树下面睡得正香。如今，他的家中有四个卧室，他通常都会在室内睡觉。

艾里在阳台上睡觉的经历也许有些不同寻常，但这并没有任何害处。事实上，它大有益处。它表达了男孩对户外自由生活的喜爱，让艾里拥有了独立意识和吃苦耐劳的品质。他与瓦特之间的冲突还教会了他如何同别人打交道。

森林里的秘密

有些学者说，男性的大脑天生就喜欢户外活动。他们提出的首个证据就是：和女孩相比，男孩更直觉地热爱运动，其中可能包括树林中的游戏活动。

其他心理学家则将男性对大自然的爱好归因于他们对自由的渴望和

第3章
大自然的启发

缅怀。男孩将大自然视为更广阔的竞技场，他们可以在其中漫游，做白日梦；男人觉得，他们能够通过体育运动和狩猎来自由地表达他们的好斗倾向。

人类学家则将男孩对户外活动的爱好与人类的进化史联系起来。在远古时代，男人们以狩猎为生，为部落提供食物；男孩则是学徒，为了参加这种狩猎活动，他们需要证明自己的勇气并提高自己的狩猎技能。

无论如何，大多数男孩都喜欢待在户外。他们喜欢在大自然中无忧无虑地玩耍，那会让他们感到非常开心。根据我的经验，男孩对树皮、蛇、牛蛙和昆虫的爱好，来源于生理和心理需求。可以科学地说，由于大自然为男孩提供了身体和想象力的试验场，所以他们热爱大自然。

将比利、泰勒和伊桑经常聚集起来的正是树林，因为他们的家都坐落在小森林中。由于这片树林非常隐秘，所以男孩都喜欢它。没有人会发现他们躲在树木和松针之中，树林是属于他们的。

在放学以后或周六早晨，这三个男孩会在树林中碰头。偶尔还会有几个其他的男孩，比如他们的朋友提姆和迈克。但新来者必须承诺保守这片树林的秘密，也不准说出其中发生的任何事情。

在宣称这片树林归他们所有以后不久，泰勒和比利开始计划在树林中建造一座要塞。他们在两棵树之间架起了破旧的木板、胶合板，搭起了很长的绳索。他们找到一根硬质塑料管，决定将它放在要塞地板的中央，向下直通到地面上。这根管子将充当他们的卫生间。泰勒主张，收笔之作是将死的大马哈鱼钉在要塞正下方的树上。这条死鱼可以用来警告闯入者：这个要塞是他们的。

建好要塞以后，他们应该怎么玩呢？他们尽情地发挥想象力，想象着隐蔽的人群将他们的要塞团团围住。入侵者匍匐在防线周围，通过双筒望远镜窥探着男孩的动向，并切断了他们所有的退路。男孩的心怦怦地跳个不停，他们需要迅速地制订方案。比利建议大家爬上支撑要塞的松树顶端。这样，当敌人猛攻要塞时，他们就能将石头、树枝和吃剩的食物扔在他们头上。只要他们能够杀死一个敌人，其他人就会吓破胆子，仓皇逃窜。

　　泰勒认为，比利的方案很愚蠢，自己则有个高明得多的点子。他们可以利用降落伞飞出这片树林，悄无声息地飘浮在高高的地方。不管怎么说，他们都是熟练的伞兵（或想要成为这样的伞兵），绕开潜伏的敌人对他们来说是轻而易举的事情。但是，他们还需要几件物品来制作降落伞。这个点子很高明，伊桑、提姆和迈克都纷纷赞同。比利不太开心，但既然他是少数派，还是决定与大家合作。

　　大家迅速而安静地从要塞的最高处牵起钢索，系到附近松树的树干上。钢索距离地面大约有两英尺高。伊桑有些不耐烦了。如果他们还没完工，敌人就猛攻要塞，那该怎么办呢？如果他或朋友们受伤或阵亡了，他的妈妈会说些什么呢？那时，她就永远不会再让他来这个要塞了。他们听见敌人的钢靴踩到周围的树叶上，嘎吱作响。泰勒认出了来福枪的枪管。敌人正在靠近，他们必须迅速转移。

　　最后，钢索被系牢了。五个人跳进要塞，商量接下来如何转移。首先乘坐降落伞的应该是伊桑，他最小，体重也最轻。为了预防意外，体重最轻的男孩必须最先离开。伊桑不想最先离开。他很害怕，但他不想让其他人知道这一点。于是他说，从钢索上降落下来非常好玩，所以年龄大些的男孩应该先离开，而他应该最后离开。其他男孩大叫着说，这个想法很荒唐。伊桑只好最先离开。

　　他们将泰勒的背包系在伊桑的肩膀上，然后在背包中装入要塞的各种物品。背包将充当他的降落伞。他们将塑料杯子、一个花生酱瓶子和两瓶分别喝了半瓶的雪碧放在背包里面。

　　"听！"提姆低声说。他觉得自己听见了响动。潜伏的敌人看见他们了吗？伊桑开始哭起来。迈克、比利和泰勒则确信他们看见了数百名敌人藏在树木后面，正等着俘虏他们。想到自己会成为俘虏，伊桑吓坏了。泰勒从口袋里掏出玩具卡宾枪手，夹在伊桑背包顶上的圆环中。但伊桑在他面前挥舞着双臂，抗议说自己还没准备好。其他人告诉他，再也不能拖延

第3章
大自然的启发

了，他必须立刻离开。泰勒和比利将伊桑举到要塞的屋顶；与此同时，提姆和迈克担任着警戒任务。泰勒将卡宾枪手夹在钢索上。伊桑抓着铝制搭钩，吊在离地面15英尺高的地方。就这样，伊桑坐上降落伞，准备起飞了。然后，他们推了推伊桑。他整个身体向前倾斜，和地面平行，但他并没有动。他在空中晃动着，试图轮流挥动双臂来充当螺旋桨，推动自己向前飞。

敌人发现了伊桑，其他四个男孩承认了这点。比利急中生智，从松树上折下很大的树枝，剥去树皮。树身是绿色而光滑的，它当然能够"飞"。为了向大家确保这点，比利拿起一杯午餐吃剩的人造黄油，将黄油厚厚地涂抹在树枝中央。然后，他又将黄油涂抹到卡宾枪手身上。他告诉伊桑抓住树枝的末梢，再在钢索上面横拿着树枝。这会帮助他安全地滑行。

有了新的把手和刚刚涂抹过黄油的拉环以后，伊桑点头示意他已经准备就绪。低声数到三以后，剩下的四个男孩就开始往前推他。然后，他就飞起来了！他瘦小的身躯吊在钢索上，紧紧地抓着松树枝，直接向地面上滑去。忽然，松树枝啪地折断了，背包猛地颠了起来，他停了下来。伊桑抓着连在钢索上的拉环，悬在空中，离地面七英尺高。他开始尖叫起来，疯狂地向身后蹬着双脚，试图继续前进。但他失败了。他寸步难行，吓得六神无主。他低头看了看脚下的土地，在前面的树上，他看到了他们的标志——那条被钉在树上的大马哈鱼。在危急关头，他仿佛忽然醒悟过来，这条大马哈鱼是他见过的最可笑的东西。

伊桑还没有回过神来，其他四个男孩就走下要塞的台阶，站在他的下方，思量着如何让他落地。有人试图拽着他的脚，将他拉下来。但其他人制止了他，说这样做太危险了。泰勒想了个新点子。他需要一副棒球棍，或诸如此类的东西。于是，他开始寻找又长又粗的树枝。后来他找到了，就拿着树枝跑回来营救伊桑。伊桑容易成为敌人的靶子。如果他不行动的话，伊桑很快就会死去。

泰勒大声喊其他人去捡石头。他们先是用好奇的眼神打量他，但很快,他们就像训练有素并乐于服从命令的小伞兵一样,捡起小石头,装在口袋里。大石头没法装进口袋里,男孩就把它们抱回来。

泰勒向大家解释这个点子:他们可以用这些石头将伊桑震下来。他命令部下瞄准背包顶。投得准的人可以瞄准卡宾枪手后扔石头,让它向前移动。借助背包受到的巨大冲力,伊桑可以继续滑行,然后他们就能救下他,迅速地从敌人的包围圈中撤离出来。泰勒用树枝抽打着背包,其他人则掷出石头。伊桑尖叫起来。他们瞄得其实并不太准,比尔扔了一块很大的石头,击中了伊桑的腰部。接着,又有一块石头扔了过来。石块纷纷打在他的手腕和膝盖上。伊桑感到全身伤痕累累,只好大叫着让他们住手。

泰勒决定做出最后的努力。他向伊桑挥舞着树枝,猛地打中了卡宾枪手。夹子松开了,伊桑重重地跌在地上,腹部首先着地。背包里有个瓶子打破了,伊桑感到柠檬汁正通过帆布渗到他的衬衫上。男孩解开伊桑身上的背包,扔在身后,然后搀着受伤的同伴,绕过敌人,躲开树丛后面那些瞄准他们的枪口,躲过从头顶呼啸而过的子弹,匆匆地逃走了。

男孩来到比尔家的院子,瘫倒在草地上。大家仰面躺在那里,大口喘着粗气,胸脯也剧烈地起伏着。整整十分钟,没有人说话。他们胜利了!伊桑几乎就要死了,泰勒在逃跑过程中扭伤了脚踝,但他们都活下来了。大马哈鱼要塞的这些伞兵们赢了。他们证明了自己的勇气、坚韧和能力,他们是真正的男子汉。

安静下来以后,泰勒侧起身子,面对着其他四个人说:"现在你们想干什么?"

泰勒如今在飞机租赁公司当驾驶员。他偶尔会带着伙伴们飞往密歇根州的北部半岛,在那里野营和远足。他仍然喜欢树林,但他很久都没有在钢索上涂抹过人造黄油,然后从上面滑下来了。

大自然不仅对泰勒很重要,对所有男孩都是如此。因为男孩的童年时代意味着,他们要迈开双脚去驰骋自己的想象力。男孩需要奔跑起来,以便保持自己的好奇心。正由于此,男孩特别好动,特别富有野性。对他们来说，人生就是不断地体验奇迹和冒险。

如果观察这些建造要塞和跳降落伞的男孩，我们就能发现男孩童年时代的基本特征，也能明白大自然做出这种安排的用意所在：男孩渴望创造、建造和想象，渴望遵循某种行为规范（重视独立、友谊和勇气），渴望考验并证明自己的能力。

当然，对每个男孩来说，要塞的意义各不相同。它可以是个要塞，也可以是个有骑士驻扎的城堡、轮船的甲板，或让退役军官们抽烟的酒吧。但无论他们梦想什么样的冒险，这个地方始终是他们的，这种所有权和隐秘感对男孩来说非常重要。事实上，如果男孩在玩耍时不喜欢女孩乃至父母参加，并没有什么大不了的，也并非反社会或危险的举动。男孩喜欢在同龄人中当孩子王，喜欢自由驰骋自己的想象力，在游戏中无拘无束。野外活动能够满足他们的这些爱好，让他们扮演西部牛仔和印第安人，砍削木棒，在森林中冒险，体会男孩特有的乐趣。

男孩需要在堡垒中玩耍，需要在柏油路上和同伴们进行非正式的曲棍球比赛。正是在这些地方，他们学到了自信，学会了如何做决定。正是在城堡中，在临时组队进行的业余足球赛中，男孩找到了成长为真正的男子汉的理想场所。如果不强迫男孩从事各种有组织的活动，也不让他们疲于应付各种正式的体育比赛，而是听凭他们自己去安排游戏和活动，让他们在户外和同伴们玩耍，那么他们会成长得更健康。他们需要城堡和沙地，需要和同龄人以及不同年级的伙伴玩耍，去感受懦弱的人（如可怜的伊桑）是什么样子，领导者（如泰勒）又是什么样子。

我在前文中曾经强调过，父母的陪伴是非常重要的；但同样重要的是，父母不能对孩子管得太多。当男孩在树上的城堡中玩耍时，父母没有必要蹲坐在城堡里面。事实上，他们不应该这样做。如果成人监督孩子的每一项户外游戏并为它确立规则，那孩子就无法运用独特的方式来历练自己。

当男孩玩正式的游戏时，基本都是在和同龄的男孩玩耍。但年轻男孩既需要和比他们年长的男孩玩耍,也需要和比他们年幼的男孩玩耍。而要做到这点,他们就需要在街区中毫无拘束地玩耍。当父母主持活动时,不会有孩子当国王,不会有孩子当捡球的球童,也不会有孩子当棒球赛场上的无形跑手[①]。身为家长,我们都希望自己的儿子成为投球手,但这并不现实。如果家长总是领先几步替孩子清除障碍,与教练进行沟通(或自身就是教练),他的孩子可能跑在最前面,并遥遥领先。但这就夺去了孩子学习如何在赛场上奔跑的机会,在这个过程中,他会摔得鼻青脸肿,也会重新站起来。

在树林中的要塞中,泰勒学会了如何指挥,伊桑不得不克服自己的恐惧。最重要的是,男孩们齐心协力,没有人独自离开。他们是一支部队,需要彼此帮助才能"活"下来。在要塞中,他们形成了自己的社交圈子,获得了乐趣,考验了自己的创造能力。当他们离开城堡时,他们对自己感到更满意。这种满足并非来自于父母或老师的空洞赞美,而是来自于他们自身赢得的实实在在的成就感。

只要有小片林地和少量木材,男孩就能变得非常活跃。在钉木板和扭伤脚踝的过程中,他们想象着自己在和敌人作战,并让年幼的男孩从钢索上飞下来。没有什么比观察几个男孩无拘无束地玩耍更能展示出男女之间的巨大差异了。我们能找到六个女孩愿意在每个周六经过长途跋涉来到树林中打仗,用树木建造要塞,并将死鱼钉在树上吗?这样的女孩是很难找到的。但是男孩会做这种事,我们也应该允许他们这样做。他们的梦想就是这样的。

约西与红松鼠

各个年龄段的男孩,包括已经成熟的男孩,都会在大自然中受到挑

[①] 无形跑手(ghost runner),棒球或其他类似比赛(如垒球、棍子球、儿童足球)中发明的运动规则,在球队少于四人时用。——译者注

战，锻炼自己的才智，了解自我与人生。这尤其适用于约西。

在一个异常寒冷的晴朗秋日里，缅因州雅茅斯市的一小片树林改变了7岁的约西的人生。

在缅因州，秋天是个非常重要的季节，因为此时可以猎鹿。成队的轻型卡车载着老老少少的男人，浩浩荡荡地开往北方。猎人们都在寻找鹿王，也就是所有雄鹿的祖先。约西想要跟着父亲去学习如何猎鹿，但父亲说，他太小了，还不能使用猎枪，甚至不能使用弹丸枪。不过，他可以学习如何使用弓箭。约西的父亲有一张复合弓，父亲说，如果他将弓弦调松些，约西就能够拉开这张弓了。

约西非常兴奋，这将是他人生中过得最开心的秋天。但是，父亲又补充说，他不能打猎，也不能猎杀野鸭、野鸡或任何其他活物。他只能用这张弓练习射中后院稻草堆上的靶子。

周末的时候，约西和父亲会来到后院尽头的小树林中，在那里练习射箭。他的胳臂因为拉弓弦而酸痛不已，但他并未告诉父亲。有时候，当他松开弦时，弓弦会猛地打在他的前臂上，擦伤他的皮肤。约西喜欢学习射箭。他喜欢父母站在旁边看他射箭，而当他们不在场的时候，他更可以随心所欲。

雅茅斯的十月太美了，甚至太诱人了。一天放学后，约西打算穿过车库，去后院的蹦床上玩。可他随后看到了父亲挂在车库墙上的复合弓。他想了想，觉得不应该碰它。尽管父亲在上班，但母亲在家里。她正在厨房里，如果她向窗外看，就能看到约西在树林中的举动。这不行。他琢磨了好久，最后还是带着弓和装满箭的箭囊，匆匆地离开了。他大步穿过蹦床和架在橘色树林中的秋千。树叶被他的运动鞋踩得嘎吱作响，他立刻放轻了脚步，他不想惊动树林里的野鹿或松鼠。

约西来到大松树下面，坐在树底下。他安静地看着鸟儿在头顶飞来飞去，松鼠嗖嗖地蹿来蹿去，忙着做窝，准备迎接寒冷的冬天。由于没穿夹克，他感到有些冷。他故意把夹克落在家中，因为他觉得自己在蹦床上跳去跳去的时候，肯定会累得满头大汗。于是，他站起来搓了搓双手，然后走进树林的更深处。他从箭囊中取出箭来。要是鹿王出现了，他就可以立刻弯弓搭箭。可是，如果他猎获了鹿王，该怎么办呢？他的爸爸又会怎么想呢？

他确信自己以后会跟着父亲去打猎。他们会一路向北，跟踪鹿王好多天。那些日子将会非常艰苦。没有野鹿供他们猎杀，他们只能吃冷的热狗，将夹心豆干和土豆连皮烤熟。所有严肃的猎人在打猎时都是这样生活的。晚上会下雨，他会早早地起床生火。他甚至嗅到了湿柴燃烧时的烟味。他也会学习如何将锡壶架在篝火上，利用咖啡渣和水来做咖啡。

忽然，约西的右边出现了动静。他站着不动，耐心地等待着。然后，又有其他声响。他非常缓慢小心地转了45度，再悄悄地将箭搭在弓上，在箭柄的地方弯起食指，准备就绪。

就在25英尺开外，一只红色的大松鼠正在枯木上啃食橡子。约西感到心扑扑乱跳，几乎要从喉咙里蹦出来了。他知道，自己成为正式猎人的机会来了。他的爸爸会说什么呢？好家伙，他会感到很骄傲。他有意将弓抬高，然后将弦拉紧；尽管对他来说，稳稳地拉开弓弦仍然相当困难。他将箭头瞄准松鼠，几乎没来得及考虑，箭就脱手而出。接着，他看见箭头射中了松鼠。

约西惊呆了，他以前从未射杀过任何东西。忽然，他感到五味杂陈，又悲又喜。他扔下弓。令人惊讶的是，松鼠开始挣扎起来。他看到了可怕的景象：这只红松鼠被射中了腹部，拖着箭头跑开了。约西感到很难受。他现在应该怎么办呢？他不想继续向松鼠射箭了。如果他射偏了怎么样？如果射中了呢？

约西在树林中追赶着松鼠，终于捉住了它。他握着箭杆的末梢，箭柄黏糊糊的，沾满了松鼠的鲜血。他感到很害怕，松鼠仍然在挣扎，他不知道应该怎么办。于是，他决定带着松鼠回家问妈妈。他倒提着松鼠穿过后院，松鼠悬在空中，看上去就像木棒上烤熟了的大棉花糖。他走过车库,刚刚打开后门,就开始大哭起来。这时,他看见了妈妈,于是哭得更厉害了。

"怎么啦,约书亚?"

"妈妈,你过来。这儿有只松鼠,我射中了它。"

约西带着妈妈来到车库。妈妈看到中箭的松鼠躺在水泥地上,仍然没有断气。她非常生气,但她不想让约西感到更难受。于是,她就像大多数非常生气的妈妈那样,开始责备他的爸爸。

"这都要怪你的爸爸,是他叫你用这些工具做出这种事情来的。我们现在应该怎么办呢?"她大声说。

约西的妈妈讨厌打猎,但她默许了这种活动,因为生活在猎区的大多数妻子和妈妈都是这样的。

"给你爸爸打电话。不,还是我来打,马上就打——他必须解决这个问题。必须找个人来杀死这只可怜的松鼠,让它不再受苦。但这种事我是不会做的。"她坚持说。

约西父亲在缅因医疗中心办公室的电话响了起来。作为这个大型部门的负责人,他通常会让秘书接电话,但这次接电话的碰巧是他本人。

"迈克尔,你得马上回家,我们遇到麻烦了。你的儿子刚才在屋后的树林中射中了一只松鼠,但它还没死。箭头露在它的身体外面,现在必须想些办法。我是不会碰它的。"

但迈克尔的回答让她非常生气。"哇,他用弓箭射中了松鼠?他当时距离松鼠多远?"

"这有关系吗?你赶紧回家想办法。"

在父母通电话的时候,约西知道他应该怎么办了。妈妈让他和父亲通话。父亲无法马上回家,他告诉约西,如果他想用弓箭打猎的话,就必须将事情做利索。他不能半途而废,让那只小松鼠惨遭折磨。于是,约西带着松鼠来到后院,流着泪用石头砸死了松鼠,然后将它埋葬了。

当晚,迈克尔回到家。他没有斥责约西擅自使用他的弓箭,相反,他表扬儿子的箭法很准。25英尺开外的树木上的松鼠,这对他来说都很难射准哩。最重要的是,他表扬约西对松鼠很负责任。

"让我感到骄傲的是,你很尊重这只松鼠。如果你猎杀动物时无动于衷,那就应该停止猎杀了。"父亲对他说。

约西很崇拜父亲和他的男子汉气魄。父亲为他确立了他想要达到的标准。但他才7岁,还没有做好充分的准备。红松鼠教他认识到了这一点。

如今,从新英格兰的名牌大学毕业以后(他在毕业论文中谈到了这只红松鼠),约西在波士顿的投资公司工作,事业卓有成就。他的同事们认为,他是个正直而敏锐的男人。这与他小时候在树林中的那段经历不无关系。男孩在野外的时候能够了解自己、自然和人生。约西射杀红松鼠的故事属于他人生中最重要的经历。他仍然热爱户外活动,但此后不再热衷打猎,而是喜欢上了飞钓(当然,在逮住鱼儿以后,他又会将它们放掉)。

在自然中探索与成长

就像成年男人那样,男孩喜欢隐瞒许多感情,将它们藏在心底。他们不会当众哭泣,也不会像女孩子那样,与兄弟姐妹和朋友们详细地谈论自身的困境。相反,他们常常会独往独来,找个无人的地方来思考各种问题。大自然提供了这样的场所。

大自然也让成长中的男孩学到了许多其他功课。比如,帮助他接受自己身体的成长发育和逞强好胜的性格。所有这些东西都有可能让家长感到不安,尤其是妈妈。当我们看到男孩在学校的走廊中摔跤或推来搡去时,会发现他们变得越来越健壮,并为此感到担忧。我们担心有人受伤,或事情会失控。我们希望他们不再摔跤,礼貌待人。我们不希望自己或别人的儿子在身体或情感上受到伤害。

但男孩需要释放他们的精力,考验自身的力量,甚至保留这种力量。当然,他们必须学会自律和节制,并要同情他人。但在红松鼠的故事中,大自然的美好之处在于：它可以让男孩成为猎人，并从中学习自制和狩猎技能；与此同时，它也让男孩了解狩猎的必然悲剧。此外，男孩充分认识到了无法改变的现实。愿望、争论、抱怨或欲望，都无法感动树木和石头。射出去的箭无法收回来，我们无法用删除键消除它。我们可以用某个命令来重启电脑，但狩猎却不是这样的。不管男孩在树林中的游戏具有多少想象的成分（如泰勒与要塞中的伞兵部队），或者像射箭那样真实，这种游戏都是立体的、真实的、有益的，是任何电脑游戏都无法提供的。男孩需要在野外玩得双手脏兮兮，尽力去探索人生，或至少自以为在探索人生。

热衷于冒险的十几岁男孩常常会让父母操碎了心，他的父母完全有理由担惊受怕。青春期男孩的认知能力还不够成熟，尽管与五年级时相比，他们能够思考更抽象的问题，但仍然无法像 25 岁的成人那样去思考。由于他们无法准确地权衡风险和后果，他们的行为往往显得极其冒险。他们会沿着乡间公路开车狂飙 100 英里，纯粹是为了好玩。除此之外，他们绝不（或极少）会想得更多。如果他们撞到了树上，他们会丢下被撞坏的汽车，回家吃晚饭。他们能够想到其他人的死亡，但绝不会想到这种事会轮到自己身上。

许多青春期男孩活在心理学家所说的"个人神话"中，他们相信自己能做任何想做的事情。因而，他们会误认为自己具有改变他人想法的能力。十二三岁的男孩之所以会在父母离婚以后承受极大的痛苦，与这不无关系。在 15 岁时，男孩会认为，他本来是能够阻止父亲离家出走的，他本来能够让妈妈不再抑郁，他本来能够救出被淹死的朋友。简而言之，由于他真心认为自己有能力立刻改变自己、亲人和朋友的命运，所以他会揽起过多的责任。

所有这些心理层面的不成熟——很难将当前行为与未来后果联系起来，相信自己无所不能的"个人神话"——都让男孩乐意去冒险。

他感到自身的力量不断涌现出来，他想更深入地认识这种力量，觉得

男孩就该有男孩样

自己更像个男子汉。他不想毁灭、击败、操纵或伤害其他人，只想感受到自己的力量。因此，对他来说，开车是非常诱人的事情，尤其是赛车。

数百万的年轻人和老年人都会热衷于赛车。这种车很时髦，速度也很快，充满阳刚之气——几乎不逊于司机本人的阳刚之气。赛车对男孩的吸引力是无可厚非的，因为它象征着男子汉对自身男性力量的考验。他能将车开得多快？他能在尘土飞扬中超越多少辆车？司机自身的力量和赛车的力量能够多么有效地结合起来？

我认为，这种经历完全是男性特有的。男子汉气魄的标志在很大程度上体现于男性对自身力量的认识。而女性气质则不是这样的，它更多地体现为情感和才智，而且其强烈程度也比不上男性对力量的寻求。

那么，我们应该让16岁的男孩开着时髦小车，在高速公路上狂飙吗？当然不能。但我们的确应该意识到，男孩需要找到出口来释放自身的精力。认识到这点以后，我们就能知道如何更好地保护他们。大多数父母都高估了儿子在认知、心理和情感上的实际成熟程度。他们不知道，当儿子开始飙车时，他或许只是想考验一下自己的极限承受能力。你不能因为儿子身材高大、脸上长满髭须，就误以为他是成人了。你不能和16岁的男孩讲道理或规劝他，让他不要冒险。他的思维方式与你完全不同，他还远没有你那么成熟。当他想要冒险时，不要批评他；相反，你应该让他像个疯子那样开车，花钱让他跳几次降落伞。要让他感受到刺激，并转而从事那些看似危险实则安全的活动。

泰告诉我，他背着背包旅行了三周，到加拿大落基山脉去拍摄多尔大角羊。当时，他远离家人，无法淋浴、刮胡须，甚至无法吃上像样的食物，但那却让他感到很兴奋。两个朋友带着泰和他的哥哥、父亲，这两个朋友非常熟悉这片山区，因此担任他们的向导。他们骑马长途跋涉，来到了宿营地。营地搭建在两座山峰之间的山谷里。然后，他们开始徒步旅行。

一天，在经过长途跋涉以后，他们回到了营地。因为劳累，他们很早就入睡了。四个小时以后，泰被奇怪的气味熏醒了。那是烟雾的味道。他

第 3 章
大自然的启发

立刻钻出睡袋，跑出了帐篷。他看到滚滚的黑烟从山的背面升起来，但没有看到火光。于是，他唤醒了哥哥、父亲和朋友们，五个人商量应该怎么办。泰想赶紧跑下山谷，去拴马的地方，然后骑马离开那里。但他的朋友们说，这个办法行不通，因为马匹距离失火的地方太近。他的哥哥认为，他们可以逃离这些浓烟。这意味着他们需要攀登上另外那座山峰，再从背面下山。但是，一个朋友说，那座山的背面太陡峭了，下山会很危险。

他们想出和否决的办法越多，泰就越是害怕。在讨论了大约15分钟以后，泰感到了前所未有的恐惧。五个人最后认定，他们既不能跑走或骑马逃走，也不能翻山逃走。他们没有办法控制火势，也没有办法扑灭它。他们只能坐在两座山峰之间的巨大山谷中央，以不变应万变，希望并祈祷火势会忽然转向。火势果然转向了。在经历了三个小时的可怕煎熬以后，大家意识到，浓烟变淡了。火势越来越小，甚至烟味也不那么浓烈了。

泰和其他人直接面对了自身的无能为力。他们每个人的情感、智力和身体都面临着大自然的挑战，最后，他们这些男子汉认输了。他们没有葬身火海之中，但他们知道了，自然比他们更强大。

在这次冒险活动以后，泰更好地了解了自己。他认识到了自己的力量和不足。简而言之，他学会了谦卑。当我们谈到年轻人在认知、情感和心理上的不成熟时，谈论的是简单的科学事实。但同样真实的是，类似于泰的经历会加速青少年的成熟过程。而正是在挑战自然和他人的过程中，男孩获得了这种经历。

非常有必要让年轻男孩认识到自身力量的不足。这是他们必须面对的挑战，也正是他们需要登山、赛车和摔跤的原因。这需要他们认识到自己的本来面目并乐于接受它。只有在碰壁时，他们才会开始变得谦卑。有时候，这种挑战是孤独的。但男孩通常都会将自己与他人进行对比，从而认识到自己的力量。男孩天生就喜欢竞争，他们最先做的比较就是：比起其他孩子来，自己有多么强壮。除了肌肉的力量，还有智力的优势。他们不仅想要考验这些特质，而且还想量化它。通过竞争，他们也学会了更好地了解他人和自身的能力。

最后这一点尤为重要,因为男孩需要学会运用自身的技能和力量来帮助他人。需要让男孩帮助他人,这对他们有好处。这会引导他们如何利用自己的精力,如何善用自己的长处,并通过责任感来约束他们的力量。可以让他们帮孤寡妇女修剪后院的草地,帮助残疾人朋友,或者让他们帮助残奥会等组织,这些组织可能会聘请年轻人来指导残疾运动员。这些服务活动是帮助年轻人摆脱孤独和隔绝感的最好办法。我们始终有必要提醒男孩,除他们自己以外,人生还有许多东西需要关注。如果家长想要更好地培养儿子的性格,那就让他去从事那些能够培养其服务意识的活动吧。这会帮助他意识到,他的天赋有多么宝贵,而所有人——包括那些需要他帮助的人——又是多么宝贵。

培养杰出男性母亲必上的十堂课
与儿子建立充满爱意与能量的母子关系!

扫码免费收听《妈妈培养优秀儿子要上的 10 堂课》,20 分钟获得该书精华内容。

Chapter 4
Electronic Matters

第 4 章
电子产品的不良影响

男孩需要手写的便笺、信件来提醒他们,世界上存在着比电脑或手机等更深入的交流方式。

第 4 章
电子产品的不良影响

我们大多数人都与笔记本电脑、iPod 播放器和电视保持着奇怪的关系。没错,这正是我们对这些无生命设备的态度:爱恨交加。电子媒体让我们的生活变得有条不紊,提供了更多的娱乐,更便于我们和孩子从事各种研究,并打开了各种信息的闸门,将我们淹没其中。如果我们在生活中很多时候都接触不到网络、电子游戏和其他电子产品,我们就能够在不同程度上认识到电子媒体的利弊。然而,男孩们并不具备这种视野。我们读过大量的纸书,因此知道,这种阅读体验不会受到忽然弹出来的朋友留言的干扰。我们会细细地欣赏电影,因为我们不能连续观看 17 次。我们会在商店里买信纸,给亲友们写信,并且会在写信之前坐下来思考如何动笔。有时候,我们会将这些信扔掉,因为我们表达得不够简洁或者言不由衷。有时候,我们会过于严厉或感伤,因此我们会撕掉信纸重写。纯粹发泄情绪的信件最终会被我们扔进废纸篓中。父母会教我们首先想想这封信是写给谁的,再想想对方希望听见什么样的话。然后,我们将信寄出并等待回音。我们会在心中琢磨:我们的字迹工整,能够让爷爷奶奶认出来吗?他们看到信以后会怎么想?他们会回信吗?

在发明电子媒体之前,我们必须和人打交道,而绝大多数交流都是面对面的。但现在谁还会提笔写信(即便它们比电子邮件更具有人情味)呢?

我们过去要从事研究（意味着去图书馆），并用打字机或钢笔来写毕业论文（还记得用涂改液涂掉字母吗？）。我们不会和电脑玩游戏，而会去找朋友们。然而，随着电子媒体的兴起，我们失去了永恒感。我们当中谁还会保存电子邮件呢？还有哪个男孩会保存他所有的手机短信呢？这样的人为数寥寥。但我们会如何对待手写的信件呢？即便是我们中间那些玩世不恭的人，也会将它们存放在特殊的盒子里或柜子中的文件夹里。

当我收到手写的圣诞贺卡时，我不必打开信封，只要根据书法就能辨别出来是谁寄给我的。我弟媳的书法很优美，字体端庄、工整而又非常美观。人如其字，她喜爱阅读。在她写便笺时，我知道，她在其中融入了许多思考。

我也永远不会忘记当我生下儿子以后，父亲写给我的便笺。他的字写得很差，除了我以外，我们家很少有人能够准确地辨认他的字迹。便笺中写道："亲爱的玛格，我为你和你取得的所有成就骄傲不已，尤其是这个成就。我爱你。爸爸。"

这个便笺是16年以前写下的，如今我每次读到它仍然会热泪盈眶。他的话感动了我，但他的字迹却让我流下泪来。因为他如今患上了老年痴呆症，甚至无法写出自己的名字。我感到非常开心的是，他当时并没有电脑来写便条。任何其他人写的"爸爸"这个词，都不像他写的。想想我们深爱的某个人的笔迹吧，你能够立刻认出它来。阅读几句话以后，你就能知道他的心情。笔迹是高度个人化的，电脑屏幕上的字迹绝对无法产生同样的效果。

男孩需要手写的便笺，需要信件来提醒他们，世界上存在着比电脑或手机等更深入的交流方式。他们无法理解纸和笔的价值，无法理解邮件的质感，也无法理解父亲在信纸上真诚分享的智慧。但这是他们应该理解的。

电子产品改变了我们书写和沟通的方式。的确，和以前相比，我们现在能够和更多的朋友、家人保持"联系"；但这种联系不同以往，它经过了冷冰冰的过滤。我们有所得也有所失。因此，我们需要弥补这种损失，引导儿子学会如何面对这些电子产品。他们也许比我们更好地理解其中的技术，但我们不应听任他们独自使用它们。我从行医经验中得知，许多电子媒体是恶俗骇人的，会妨碍男孩的心智和感情。要想让他们脱离那个骇人听闻的世界，可能是非常困难的事情。

当然，电子媒体仍然在大行其道。无论如何，男孩都会继续使用它们，并被它们改变。就连男孩使用的词汇也在变化，他们现在采用的语言是"即时通信"。

有一天，我问16岁的儿子晚餐想吃什么。我们当时正在车里，他埋头看着自己的手机。猜猜他怎么回答的？"IDK[①]，妈妈。"他并不想无礼，尽管我最初是那么认为的。手机短信的语言不是正规的英语，而是许多便于回复的单词缩写。

我利用这个机会循循善诱。"好，"我说，"你现在有了自己的外语。但是，亲爱的，在对妈妈说话时，我喜欢听到语法正确的完整句子。你觉得怎样，嗯？今晚你来给我找一个我俩都不认识的单词，我保证你找不到。"他接受了这个挑战，并将它持续下来。

详细说来，互联网（包括聊天室、网站、电子邮件和 iTunes 等）、电视、电脑游戏、音乐播放器等电子产品给男孩带来了乐趣，但也产生了若干严重的隐患。现在我们来看看这些隐患。

美国儿科学会最近再次宣布，电视暴力不利于孩子的成长。这个道理我们早就知道了。在观看黄金时段播出的电视节目时，如果我们10岁的孩子看到有人在街头被枪杀的情景，我们谁不会屏住呼吸呢？如今，电视上的暴力内容已经不同于我们观看《荒野镖客》（*Gunsmoke*）的时代了。我们这代人在成长过程中并没有玩过以四处杀人为目的的电脑游戏。

接着，美国儿科学会强调了关于男孩和媒体暴力问题的紧迫性，并列

[①] IDK是I Don't Know（我不知道）的缩写。——编者注

出了三个原因。首先，为了增加销量，暴力变得越来越频繁、越来越生动。男孩对各种程度的暴力开始感到司空见惯，然后又感到厌倦。因此，为了保证销路，游戏和节目制作商就会冒更大的风险。

其次，我们在医疗和教育领域不断看到，男孩变得越来越好斗、越来越粗暴。许多时候，暴力和攻击似乎是随意而为的。男孩会冲着路人大吼大叫，殴打女友，并在谈话中模仿更多电影中的措辞。

再次，我们知道自己必须得采取行动。我们不能简单地拔掉插座了事，同时也知道，如果不这样做，我们会冒严重的风险——部分风险甚至已经变成了现实。有个非常普遍的现实，我们已经变得非常迟钝，以至于很多垃圾信息不再让我们感到惊惶不安。它们引诱着我们。就像我们的儿子那样，我们也感受到了来自同龄人的压力。那些内容粗俗低劣的流行节目，已经悄悄地进入了我们的客厅，因为只有这样我们才能谈论其他人所谈论的东西。由于萨姆的父母让他玩最新款的电脑游戏，我们感到也有必要让我们的儿子玩这款游戏。

但是，大量的证据证明，我们的直觉是对的。低劣的电视节目和血腥的电脑游戏不利于儿子的成长。我们需要挺身而出，做正确的事情。如果连我们都不维护儿子的最大利益，其他人自然就不会了。我们不能输给市场上的商人、电脑程序员、电视导演和追逐时髦的家长们。作为儿科医师，我可以告诉大家，我们应该切断或严格限制并监督儿子使用电子媒体，这对他的情感、心理和身体健康都有极大的好处。不恰当地使用电子媒体会让儿子承受若干严重的问题。这并非始于他们的青少年时代，而要早得多；当忙碌的父母将电视当作临时保姆时，问题就开始出现了。父母会用电视来吸引幼儿的注意力，也会让 16 岁的儿子在自己的卧室里玩电脑游戏，以图几个小时的清净。但是不要误解我的话，父母的确需要时间休息，因为太多的父母往往都非常劳累。打开电视或让孩子玩电脑游戏似乎的确能够让生活轻松许多。它们可以让孩子欢笑，而我们也有时间安静地休息，或者做些家务活。但是，如果电视播放的不是经典的少儿节目，或者电脑游戏的内容不能完全让你放心，那么这种做法就会得不偿失。

在我的诊所中，医生经常会教导医学院学生和居民进行锻炼。最近，我们有个医学院学生对儿科很感兴趣。当我到达诊所时，他正在阅读教科书并准备下班。他看见我以后，立刻做了自我介绍。我每天的日程排得很满，虽然我通常乐意让学生们陪着我去看病人，但却希望能够由其他医生带着他实习。但现在他却找到了我。我告诉他，很抱歉今天没有太多时间和他说话，但是欢迎他来观察我给病人做检查。

在检查过三四个病人以后，我良心深处感到了某种不安。我承认，如今的医生比以前更加忙碌。由于保险公司在继续削减报销费用，所以我们一小时里不得不诊断更多的病人。而电脑主宰了我们的生活，我们不得不坐在电脑前盯着屏幕，点击着检查室中的笔记本电脑，而不是在检查前浏览患者的资料卡。但是，25年前，医生会花时间向我演示如何检查临床患者。我从他们那里学到了许多东西，而那是我永远无法从屏幕或书本上学来的。这个医生会教我如何观察婴儿的活动，以便确定他是否患上了早期脑瘫。那个医生会教我检查婴儿的心脏和脉搏，以便确定他有没有患上主动脉缩窄症。第三个医生则会向我展示如何观察婴儿的眼睛，确定是否有肿瘤的迹象，并需要立刻治疗。我需要为这个学生做同样的事情，可是如果我花那么多时间，就无法完成预定计划。而如果我无法完成预定计划，到足球场接儿子时就会迟到，然后……

大家可以想象接下来的情景。我们都必须过日子，而且要保持准时。因为我们都是这样生活的，就像电子机械。我们觉得这些机械能够提高我们的效率，替我们在工作或休息时逗乐孩子。但危险在于，我们为自己创造了更大的问题。如果母亲用电视或电脑游戏来哄骗大发脾气的幼儿或青少年，这无疑表明她有个亟待解决的问题。她需要学习如何和这个幼儿或青少年打交道，而且越早越好。如果孩子发现自己的母亲很容易操纵，他就会养成很坏的习惯。

作为父母，我们都需要让自己恢复精力，以便能够将若干严肃的精力花在儿子身上。无论我们的儿子是 3 岁还是 18 岁，他都需要我们的帮助。幸运的是，如果我们在儿子身上花费了精力，受益的将不仅是他们，我们也会从中受益。

媒体对男孩心智的影响

8～18 岁的儿童和青少年每天会花大约 6.5 个小时来接触各种形式的媒体。其中，平均有三个小时在看电视，近两个小时在听收音机、唱片或 MP3，剩下的一个小时（或更长时间）会在完成课堂作业以后玩电脑。各个年龄段的男孩都热衷于电子媒体，尤其是互动性强的电脑游戏。他们的热情远远超过了女孩，因此对男孩来说，实际的数据可能更高。

但是，我们现在姑且接受这些数据——它们来自于凯撒家庭基金会，该基金会针对儿童使用媒体的情况做了最广泛的研究——这意味着，平均每周，每个男孩会在电视、电脑、音乐或 MP3 上花 45.5 小时或更多的时间，这比全职工作的时间还长。如果我们将这个时间与男孩每周花在其他活动上的时间做个对比，那就更加令人吃惊了。通常来说，在男孩每天的生活中，他们会阅读 43 分钟，待在父母身边稍稍超过 2 小时，从事体育活动 1.5 小时，做杂活 0.5 小时。在一周中，男孩和父母相处的时间少于 16 小时（或远远不到他花在电子产品上的一半时间）；做家庭作业的时间则少得可怜，只有 5.25 小时。他每周从事体育活动的时间为 10.5 小时，大约是他玩电脑、看电视、听 iPod 的时间的 1/4；我们的孩子之所以普遍患上肥胖症，这是个极重要的原因。

但是，身体的畸变还仅仅是灾难的开端。美国儿科学会在其刊物《小儿科学》（*Pediatrics*）上警告说，如果电视或电子游戏的内容过于暴力，受到它们影响的男孩会比其他男孩好斗得多。而在心智科学基金会所发表的资深研究成果中，研究者们将孩子分成两组，分别让他们观看非暴力视频和暴力视频，然后分析他们的大脑活动。两组孩子的大脑反应模式存在着显著的差别。具体说来，只有当孩子观看屏幕上的暴力内容时，他们右脑的某些区域才会变得兴奋起来。研究也发现，观看电视上的暴力内容会影响控制情绪、刺激、注意力和记忆的那部分大脑神经网络。研究者断定，经常观看媒体暴力的孩子之所以更可能表现得好斗，或许是因为大脑能够将这些暴力内容保留在这些孩子的长期记忆中。事实上，在过去15年中，纷来沓至而又无可辩驳的证据表明，过度使用电子媒体与男孩的攻击性行为之间存在着关联。

暴　力

医学杂志《柳叶刀》（*Lancet*）2005年的报告中提到："电视、电影、录像和竞争性游戏中的暴力场景对欲望、念头和情绪具有明显的短期影响，让年幼的孩子更可能做出好斗或可怕的举动。"对男孩来说尤其如此。大多数电视节目（超过60%）都包含有暴力内容，这种暴力内容极少受到谴责，其道德倾向也通常是暧昧不明的。暴力犯罪者通常被认为富有魅力，并值得效法。

男孩远比女孩热衷于媒体中的暴力内容。女孩更愿意听音乐，而男孩更愿意玩内容暴力的电脑游戏或观看暴力电影。这种差异有多种原因。我们知道，男婴关注运动的物体，而女婴则关注静止的面孔。随着他们的成长，男孩的身体比女孩更加好动。除此以外，男孩在长大以后会觉得暴力体现了男子汉气魄。当然，媒体对此也难辞其咎。我们已经谈到过，男孩需要正确对待自己的力量。男孩在运用力量时，应该让自己的行为合乎道德，并受到应有的约束，这一点非常重要。但是，如今的电影几乎与加里·库伯[①]和詹姆斯·史都华[②]格格不入。今天，嘲笑、侮辱、撒谎、明目

[①] 加里·库伯（Gary Cooper,1901~1961），美国著名演员，出演过《正午》、《战地钟声》等影片。——译者注

[②] 詹姆斯·史都华（James Stewart,1908~1997），美国著名演员、空军准将，出演过《费城故事》、《后窗》、《迷魂记》等影片。——译者注

张胆的武装（或非武装）攻击，是电影中男人们的行为原则，而这些其实都是精神病医生所说的反社会行为。当男孩再三看见他们崇拜的成年男人嘲笑他人、撒谎或好斗时，他们会认为这些品德表明了这个演员的男子汉气魄，并认为模仿这种行为会让他们自己更具有男人味。当这种景象反复冲击着8岁男孩的大脑时，他就很容易不再相信，真正的男子汉应该值得信赖并善于自律（身为父亲的读者或许就是这样教导儿子的），转而认为真正的男子汉是残忍并好斗的。由于媒体不断强化了这种观点——有时候，同班同学、恶霸、歹徒或残暴的成人也会强化这种观点——丑恶的东西就会渗入男孩的心中，促使许多男孩变成他们自己所厌恶的人。无疑，许多男孩会受到教唆，表现得非常好斗。然而，无论是我们这些父母还是整个社会，其实都不希望他们变成这样。

发展心理学的研究表明，在人生的头两年中，男孩比女孩具有更多的情感反应能力和表达能力；但随着时间的推移，这种情况会发生变化。在2~6岁时，男孩的语言表达能力和面部表情变得不如女孩丰富。这种情感能力的下降导致部分研究者提出了"标准的男性述情障碍"的概念，也就是说，男孩无法用语言将他们的情绪表达出来。正是在这个年龄段内（4~6岁），男孩往往比女孩开始表现出更多的反社会行为。这些行为可能是攻击性的，也可能不是攻击性的。

换句话说，随着这种情感表达障碍逐渐增加，男孩子的攻击性行为也逐渐增多。与此同时，如果男孩越来越多地接触到媒体的暴力内容，结果将是非常有害的。我们通过各种数据得知（甚至可以绘制出图表），在观看过媒体的暴力内容以后，男孩会变得更加好斗，至少在短期来说是这样。即便短暂地接触这些暴力内容也是有害的，而接触得越多，害处就越大。同样，如果暴力内容不是出现在电视节目或电影当中，而是出现在人机交互式的电脑游戏中，也会危害到孩子的健康。对于暴力游戏是否会导致男孩子实施暴力行为的问题，心理学研究者始终与电脑游戏行业意见不合，但科学数据是无可辩驳的。最近，学术界综合分析和评估了有关电脑游戏的科学研究成果，最后得出的结论是非常明确的。在谈到攻击性行为时，这份评估报告断定，过度的影视暴力无疑与日益增加的攻击性行为存在着关联。而且，这份研究报告还断定，"接触暴力型电脑游戏会影响到真实世界的攻击性行为"。接触暴力内容也会在其他各个层面上影响男孩。研究也清楚地表明，暴力型电脑游戏"与真实世界的乐于助人者存在着负相关关系"。它们会增加攻击性想法，强化愤怒感或敌意，导致男孩的血压升高，心跳变快。

总而言之，接触媒体暴力会伤害男孩子。无论他们看的是电视还是电脑屏幕，抑或是充满暴力的人机互动型电脑游戏，可靠的医学文献都清楚地表明，媒体暴力会影响男孩子的各个发展阶段，让他们更可能从事反社会的攻击性行为。那么，为何要让你的儿子冒这个险呢？暴力型电脑游戏并不是非玩不可的。观看《大淘金》（*Bonanza*）等西部老片可能没有什么害处，但与此同时，我们没有必要让他观看限制级电影或黄金档播出的暴力电视剧。与其让媒体暴力来充当儿子的临时保姆，还不如与他共同做些哪怕非常简单的事情，比如下跳棋、国际象棋或玩拼字游戏，这能够让你更好地缓解压力，也能让他生活得更美好、更健康、更幸福。

男孩与媒体中的性

每个8岁以上的美国男孩都受到过性的诱惑。从小学低年级开始，许多男孩就开始观看PG-13级[①]影片。这些影片中吸引前青春期孩子的看点是什么？当然是性。不是间接提到夫妻之间的浪漫性爱，而是青少年和未婚青年人之间的性行为。研究表明，在媒体中，露骨的性内容总是会伴随着暴力。

此外还有音乐录像。即便是内容较温和的音乐录像也会暗示青少年之间随意的性行为。有时候性被描述为浪漫爱情的必要内容，有时则不会这

---

① 美国的电影存在着分级制度，PG-13级主要是针对13岁以下儿童设置的级别，该级别的电影中可能包括不算严重的暴力、裸体、性感、粗话等。——译者注

样描述。在有些音乐录像中，性会被描述为黑暗的、粗暴的、愤怒的或毫无感情的，这样的音乐录像我们都看见过。

数百万的年轻男孩常常会光顾网络聊天室，谈论的话题也都与性有关。如果你身为父母却从未进过这种聊天室，而你的孩子却进入过，那么你应该去这种聊天室看看。聊天室中说的话都很不中听，经常显得粗俗、淫秽而下流。

加州大学洛杉矶分校儿童医疗中心主任帕特里夏·格林菲尔德研究过多个未成年人网站。她得出了下面的结论："我在这个免费网站中填好了个人信息，然后点击'未成年人'，进入未成年人区。这个网站的标语是'无所不见，无所不闻，成为你自己吧'。网站的内容让我大为震惊。首先，我点击'未成年人聊天室'，发现里面有个人广告。显然，这个广告会让未成年人受到真实的性诱惑，而这或许并不是他们原本想要的，或者他们的身心还不宜受到这种诱惑。对于刚刚开始恋爱和培养两性关系的青少年来说，这种经历也许是可怕的。其中的成长问题在于，到了什么年龄，你才有能力应付其他人的引诱，尤其是来自陌生人的性引诱？"

电子媒体使用的语言是极其粗俗的。它不仅仅与性有关，而且是淫秽不堪的。10～12岁的男孩常常会说出他们自己甚至无法理解的淫词秽语。听听格林菲尔德录制出来的下面这则简短对话：

甲：你是直肠病专家？
乙：我是性专家。
丙：或许他还是应该在妻子和孩子身上多花点心思，别花在我身上。
丁：笨蛋！口交是无害的，它会爽死你。
戊：你开始说我是妓女，口气就仿佛你是个成人似的。

读完最后这句话时，我们可以发现，说这些话的人还相当不成熟。这种交流还是相当温和的。我光顾过的一些网络聊天室，其中的人会经常说

"操"这个字眼，对话似乎也是在彼此爆粗口。根据我的个人经验，即时通信的语言非常类似于聊天室里的污言秽语。因为说话的人都是相对或完全匿名的，所以电子媒体上的交流就充满了脏话和辱骂。对男孩来说，他们可以用这种方式来露面而又不被他人发现。这是性的试验场。但问题在于，它会让男孩掉进自轻自贱的病态黑洞之中。

凯撒家庭基金会在考察过电视观众的习惯和节目中性与暴力内容的频率以后得出报告：在全家看电视的时间（晚上 8:00 ~ 9:00）里，节目中平均要出现 8 次与性相关的内容。此外，在分析过的 1300 个节目中，"50% 的节目和 66% 的黄金时段节目都包含有性内容"。只有 11% 的节目谈到了性行为的危险或责任。凯撒家庭基金会的报告也发现，在被调查的青少年中，77% 的人认为，青少年之所以发生性关系，其中有个原因就是"电视节目和电影让他们更加觉得性行为是正常的"。

我们再来看看这个报告的若干其他发现：

◎ 1998 年，56% 的娱乐节目包含性内容；
◎ 2005 年，77% 的娱乐节目包含性内容；
◎ 在青少年最喜爱的 20 个娱乐节目中，70% 包含性内容，45% 的节目有性行为的镜头；
◎ 在 15 ~ 17 岁的青少年中，75% 的人认为，电视上的性内容影响了同龄人的性行为；
◎ 在电视描述或暗示的性行为中，相关人物通常才刚刚认识不久。

当我们审视电视中性内容的趋势时会发现，不仅描写性内容的频率增加了，其露骨程度也增加了。性交被更生动地表现出来，情节中也常常暗示有口交的环节。根据我的经验来看，父母和其他成人往往更担心媒体中的暴力内容，而不是性内容。厌恶媒体中的暴力内容是政治上正确的，但对于媒体中露骨的性内容，父母往往置之不理，并对民权活动家们感到非常恼火。我们都在说服自己相信，消除暴力比消除性更加合理；不管怎么说，性是"自然的"、无害的。但从医学事实上看，对青少年男孩来说，暴力行为和性行为都是很危险的。青少年男孩的滥交并不是自然的。在过去70年中，婚外性行为的比率大为上升，我们几乎可以说，正常状态完全被改变了。毋庸置疑，这是由许多因素造成的。我们知道，青少年受到了他们观看和使用媒体的严重影响。他们会模仿媒体上赤裸裸的暴力和性内容，在随后进行攻击性行为。因此，我们可以合理地推断说，如果媒体的内容积极而健康，就会激励男孩从事积极而健康的行为。

数年以前，我参加了专门谈论青少年和性的《日界线》(*Dateline*)电视节目。主持人和我花了好几个小时来倾听青少年男/女孩和家长们的感受。被选中的青少年背景各不相同，但他们的父母都很善良、勤奋、慈爱。但令我无比震惊的是，许多成年人完全无法理解，为何与过去相比，青少年会更早地发生性行为并拥有更多的性伴侣。他们显然没有停下来仔细观察子女的日常生活。平时这些孩子只要打开媒体，与性相关的歌曲、图像和各种信息几乎就会源源不断地向他们涌来。因此，他们觉得自己的所见所行都是"天经地义"的。结果就是完全反常的。热衷于暴力与性的男孩患上抑郁症的几率要比正常男孩高出许多。我们已经获得了部分数据，知道许多美国青少年都通过性途径感染上了疾病。这些新疾病的蔓延绝不是偶然的，它与我们对正常性行为的观念变化不无关系。在20世纪60年代，正常的性行为意味着，医生仅仅需要担心两种通过性途径传播的疾病，而且高风险人群并不多见。今天，医生——和儿科医生——不得不担心30多种通过性途径传播的疾病，它们威胁着每个性欲旺盛的青少年。

色情内容和男孩

在互联网和色情录像出现之前，青春期和前青春期的男孩会通过秘密渠道获得《花花公子》杂志。在成人不注意的时候，他们会偷偷摸摸地看，

第4章
电子产品的不良影响

并将杂志藏在床底、树上或者衣橱下面。青少年男孩总是热衷于性和裸体，因为随着身体的成熟，他们自然会对性充满好奇心。如果说这种行为不值得鼓励，它至少是可以理解的。但比起如今的男孩子，我们在青春期受到的刺激要微弱得多。二三十年以前，《花花公子》杂志上的女性都是单独出现的。尽管她们的眼神中充满了挑逗意味，但并没有从事性行为。但在最近几十年中，许多内容更露骨的杂志和媒体都比《花花公子》有过之而无不及。1985年，92%的成年男人在15岁以前看过《花花公子》。今天，男孩首次接触色情图片的平均年龄下降到了11岁。以前，他或许只能看到裸体的女性；现在，他很有可能看到性伴侣之间的性行为。在3～8年级的男孩中，几乎有半数人浏览过具有"成人内容"的网站。内容越露骨，男孩受到的伤害就越严重。我们不应自欺欺人地认为，这不会造成伤害。色情内容扭曲了男孩在性心理上的自然成长过程，会让他们产生性变态心理。而在正常的成长过程中，这原本是不会出现的。年轻男孩观看过色情内容以后，他们的道德和处世准则都会受到影响。互联网上充斥着色情骗子，性侵犯者甚至也会对他们虎视眈眈。问题并不在于许多年轻男孩因为好奇心而去浏览色情内容，而在于色情内容会出其不意地弹出来，俘获他们的心灵。当我们探究男孩观看色情媒体的原因时会发现，由于别人，比如他们的哥哥姐姐或朋友，想看色情内容，他们往往最终也会看到这些内容。在禁止儿童接触互联网色情内容的国会听证会上，帕特里夏·格林菲尔德医生做出了这样的结论："点对点的文件共享网络（不通过万维网就能下载和共享文件，通常用来下载受到版权保护的音乐）在部分程度上造成了这种色情内容无所不在的媒体环境。这种整体环境，包括文件共享网络，导致儿童和青少年无意中接触到大量色情内容和其他成人媒体。"

研究表明，观看色情内容能够极大地引诱男孩，而观看露骨的性行为则会改变男孩的性行为。例如，观看性内容（不仅是色情内容）会让男大学生深深觉得，采取性或非性的方式来侵犯女性是合法的。与我们通常的看法相反，研究表明，当大学生回想起媒体上的性内容时，他们的回忆是极其负面的。他们的反应包括（按照从最常见到最罕见的顺序排列）：厌恶、震惊、尴尬、愤怒、恐惧和悲伤。而且，有趣的是，他们在观看这些内容时的性兴趣非常低。

关于男孩和性的大问题

在谈到男孩与媒体的性内容时，我遇到的绝大多数家长都会摇头而笑。"算了吧，"他们俏皮地说，"不过是性而已。他们都很感兴趣，都想试试。"

我担心，这种话深刻地暴露了我们对性和男孩的无知。如果我们当真想让男孩健康成长，就不应该让他们成为偷窥狂，让他们被诱入那个淫秽黑暗的罪恶社会。如果色情内容不存在，男孩不会将它制作出来，是成人将它强加到了他们身上。

对男孩来说，性是个大问题。男孩天生并不是感情迟钝的人，他们会感受、会思考，拥有属灵的生命。健康的性兴趣需要在合理的成长环境中培养起来。成人不能过早地培养他们健康的性兴趣，也不能人为地刺激或转移这种性兴趣，它也不等于滥交。事实上，我们的男孩知道这一点，但我们却让他们承受着色情内容制作者和流行文化皮条客们的狂轰滥炸。这样做是不妥的。

我走遍美国，与许多青少年谈起过性以及它的医学隐患。我发现，年少或年长男孩感兴趣的不是我谈到的通过性途径传播疾病的危险，而是未婚性行为所付出的感情代价。我发现，女孩们会大声畅谈这种损失，男孩虽然没有说出来，但内心也同样深切地感受到了。而且，男孩并不想为性行为付出感情的代价。男孩认为，从来没有人告诉过他们，性行为会损害他们的感情。事实上，色情内容教给他们的东西完全相反。最根本的是，我们让电子媒体在性这个问题上欺骗我们的儿子，而他们自己却要为此买单。

第 4 章
电子产品的不良影响

谨慎对待电视节目

一个有趣的现象是：青少年男孩经常会陪着父母观看电视。因此，对许多家长来说，问题不在于监督儿子在卧室中观看什么内容，而在于监督我们自己愿意和他们观看什么内容。然而，我们也可以换个角度，认为看电视是浪费时间。在青少年的人生中，他们和我们相处的时间惊人地短暂。在观看电视节目期间，我们能够和他们进行多少深入的交流？和儿子共同观看电视上的棒球赛也许是很开心的事情，但如果带他去现场观看比赛（无论是大联赛、小联赛，还是大学生联赛或高中生联赛），则要开心得多，你们也能进行更多的交流。

当然，如果你们有看电视的习惯并在看电视时优先考虑孩子的要求，那么，父母的参与就极其重要。如果父亲挑选了一个适合儿子观看的节目，如果他打开爆米花袋子，并找出"两傻双人秀"（Abbott and Costello）系列或鲍勃·霍普①的经典喜剧光碟，他们就能过得非常开心。反之，如果家长不考虑孩子的需求，选择适合自己口味的节目，那就可能会伤害孩子。

如果年幼的男孩还不能理解性或暴力，却观看了这样的内容——我们应该问问自己为何想要关注它，这本身也是个问题——他就可能会受到伤害。如果他是在父母的许可下受到这种伤害，可能还会感到困惑。他原本以为，父母总是会给他有益的东西；但现在他们提供给他的东西，却让他感到担忧、不安、沮丧甚至愤怒。由于年幼男孩的成长仍然是自我中心的，当他们感到不安时，就会谴责自己而不是他人，尤其是他的父母。

许多家长会为他们的孩子接触限制级影片进行辩护。他们说，其中部分影片非常优秀，或者这些影片可以让他们与孩子探讨某些令人不安的问题，或者他们可以利用影片来教导儿子分辨善恶。

---

① 鲍勃·霍普（Bob Hope, 1903~2003），美国著名喜剧演员，主演有《新加坡之路》、《大明星从军记》等影片。——译者注

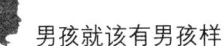
男孩就该有男孩样

请不要这样做。露骨的性与暴力镜头会伤害孩子的心智和感情。不要与流行文化同流合污,而要竭尽全力防止它们影响到孩子。

虚拟的世界

在我们的成长过程中,并没有虚拟的网络关系。我们理当觉得很幸运,因为电子产品带来的每项好处都意味着新的隐忧。以手机为例,尽管手机确实能够让父母知道儿子身在何处(如果儿子说真话的话),但也让父母产生了虚假的安全感。父母知道自己随时可以拨打儿子的手机,有时候就会过度放任他们。但更重要的是,对很多年轻人来说,手机、即时通讯和其他电子交流工具不仅没有增进人际关系,反而扭曲了这种关系。在电脑屏幕或手机上,人们会说或写平时不会说或写的东西。即时通信非常缺乏个人感情色彩,它真正做的就是贬低交流,将它简化为缩写字母。同样,网络聊天室不能像派对那样让人们穿梭于人群当中,结交新的朋友;它只会鼓励青少年戴上不同的面具,在谈话时无所顾忌,有时候甚至会涉及极其污秽的话题。

某个周一早晨,乔治的母亲萨拉给我的办公室打了三次电话。秘书提醒我,她听起来很惊慌。工作间隙,我立刻给她回了电话。"怎么啦?"我问。"是乔治的事,"她回答,"我觉得他现在上瘾了。"

我的心开始下沉。我是看着乔治长大的。这个男孩小时候很可爱、安静,性格腼腆。十几岁时,他读完了高中,没有出现任何重大问题。现在他会出什么问题呢?是毒品还是酒精或色情网站呢?

"不,"他的妈妈说,"是其他东西。"

在接下来的30分钟里,萨拉向我谈到乔治做出的非常令人不安的举止。他大一以后就辍学了,他告诉父母:"那些孩子都狂妄自大。"他的父母感到很失望,但觉得他也许需要更多时间成熟起来。于是,乔治住在家里,在咖啡店找了个工作,并在附近的社区大学报名学习了好几门课程。然而,在接下来的几个月中,他又陆续放弃了几门课程。他越来越多地独

第 4 章
电子产品的不良影响

自待在自己的房间中。后来，他干脆辞掉了咖啡店里的工作，在一个高档餐馆里当侍者。但这份工作才持续了两个月左右，他就又换了个工作。

"现在，"他的妈妈告诉我，"他根本就不上班了。他并不是个懒孩子，但他总有好多借口。他只想坐在自己的房间里，玩人机交互式电脑游戏。"

我更深地了解后得知，乔治在玩在线战争游戏。他可以在游戏中扮演任何角色，可以选择自己的个性、身高和体格，可以和其他人在线"对话"。他们在对话时并不采用自己的真实身份，而是根据他们在游戏中所扮演的角色。乔治每天都会在这种在线虚拟社区中玩好几个小时。当父母坚持让他戒掉这个习惯时，他充满了敌意，甚至变得很凶。但他们继续坚持。萨拉告诉我，乔治曾经崩溃过，哭着说他无法戒掉这种游戏瘾。他说，只有网络世界里的人才能接纳和关爱真实的他，他完全能够轻轻松松地和他们打交道。

他的父母惊呆了，不知道应该怎么办。

我想要说明的是，乔治并没有精神病史。从儿科医生的观点来看，他知道现实和非现实之间的差别。他没有——也从来没有——产生过错觉，也没有精神失常过。对于他的母亲来说，让乔治克制上网时间，无异于逼迫瘾君子戒掉海洛因。

乔治的故事并不罕见。他始终是个腼腆内向的男孩，拙于社交。但他始终会强迫自己在学校里和朋友们聊天，或者在各种运动队中和其他男孩玩耍。当朋友们离开以后，他进入了大学，试图寻找新的朋友圈。但和以前相比，他感到更不自在。他顺利地通过了入学申请，但他始终觉得自己不如学校里其他孩子那么聪明。当他来到宿舍时，有个朋友向他介绍了这款战争游戏。他后来告诉他的父母，他立刻就上瘾了。他告诉他们，当他进入网络世界时，觉得就像在家里那样自由自在。

乔治确实上瘾了。对他来说，游戏起着调整情绪的作用，成了他的"朋友"，就如同酒精之于酗酒者，毒品之于吸毒者。玩游戏让乔治获得了自由感，逃避了人生的困境。这让他觉得人生并不像现实那样糟糕，至少在

63

玩游戏时是这样的。然而，当乔治足够诚实的时候，他会承认，他获得的自由感并不尽如人意，经常让他感到有点恶心，尤其是在玩了很久的游戏以后。

乔治的父母带他去看戒瘾专家。他们都认为，乔治首先需要做的就是正视他的毒瘾。这对乔治来说真是个大障碍。他坚持认为，他并没有伤害任何人，甚至也没有伤害自己。但这显然是不成立的。专家告诉他的父母，接下来要做的就是收缴他的笔记本电脑。他们起初感到很不安，这似乎是个严厉得不近人情的措施。他们说，乔治毕竟已经20岁了。但最终，他们听从了专家的建议。

乔治大为恼火，他离开家，和朋友生活在一起。但才过了一个月，他就回到了家中，说自己经常和室友打架。在随后的几个月中，家庭氛围始终非常紧张。但乔治同意让戒瘾专家帮助他，以便他能"打理好自己的人生"。幸亏他的父母坚决不允许他在家中使用笔记本电脑，他才无法继续放纵不健康的生活方式。他因此意识到，游戏妨碍了他的生活，这深化了他对自身毒瘾的看法。

最终，乔治认识到，玩游戏是逃避人生和自我的捷径，尤其是逃避社交尴尬的捷径。他感到腼腆，缺乏自信，同时也感到极其孤独。他真心认为，没有任何同龄人想要和他做朋友，因为他认为自己是个失败者。因此，当游戏给予他朋友（尽管是虚拟的）时，他立刻就接受了。

令人感到欣慰的是，如今乔治感到人生美好多了。他深刻地意识到电子产品的力量，除非在绝对必要的时候，他都会避免使用它们，就像戒酒者避开酒精那样。当他想要玩耍时，他就会明智地给朋友打电话，然后和他们共同观看足球比赛或打曲棍球。

男孩需要情感的纽带，需要父母和朋友的亲密情谊。为了让他们的情感得到健康发展，这种交往必须是面对面的，而不是以电子产品为媒介的虚拟交往。电子媒体之所以会蛊惑男孩，某种程度上是因为男孩觉得自己能够完全掌控它们。如果他不想听聊天室的某个人说话，就可以退出聊天室。如果他在电脑游戏中输了，就可以结束这盘游戏，重新开始。这完全可以由他自己来掌控。但在现实中和朋友相处时，他不能掌控每件事情。朋友会大笑，会争吵，也会反对。男孩被迫要面对困境，并寻找出路。总而言之，他要被迫学会成熟。男孩需要这种融洽的平等交往，需要体贴的父母、兄弟姐妹和朋友们的支持。如果他们得不到这些东西，他们的情感乃至心灵就会受到损害。千万不要让这种事情发生。务必要让孩子花更多时间与父母、大自然和真实的世界打交道，而不要让他坐在电脑或电视屏幕前。

Chapter 5
Does Testosterone Drive Cars?

第 5 章
如何帮助青少年男孩？

如果男孩长时间宅在自己的房间里,对朋友和家人充满敌意,这绝不是正常的。

第 5 章
如何帮助青少年男孩？

美国人普遍对青少年存在着巨大的敌意，尤其是青少年男孩。甚至连"青少年"和"青春期"这些字眼都是讨厌、无法无天、暴戾、反抗父母的代名词。可以听听你周围的成年人是怎样谈论你的儿子和他的朋友们的。许多人会翻起眼睛叹息，然后故意等着你做出他们预料之中的回答："我知道，青少年都是不讲道理的。我们做父母的必须互相支持，忍受他们的折磨。"

我们看见广告牌上15岁的男孩面呈不满之色，很少露出微笑。有时候，广告牌会兜售牛仔裤，此时，男孩象征着某种危险的性倾向；有时候，广告牌会劝诫我们防止男孩吸毒；另一些时候，广告牌传递出来的信息又是：青少年男孩会带来麻烦。人们想当然地认为青少年品味低下，流行文化则迎合了这种偏见；与此同时，它也竭尽所能地贬低男孩。尽管我们知道流行文化正在威胁着我们的孩子，却觉得自己对此无能为力。我们安慰自己，青春期是人生的艰难时期，在此期间，男孩尤其容易失控。我们所能做的，至多就是耐心等待。我们会爱他们，尽力和他们沟通，并保持耐心，直到毒素消除（这可能需要花好几年时间），他们的脑细胞发展成熟并让他们恢复正常为止。等到他们最终长大成熟，到了大学毕业或保住第一份真正的全职工作的时候，我们就能重新喜欢他们了。但在目前，我们必须忍耐他们，只能如此。

现在假想你自己就是个青少年男孩。你看到广告牌上的青少年面露不满，上面还告诫父母不要让你吸毒。你经常看到的信息就是：青少年男孩叛逆心强，很让人讨厌，聚集起来就是些乌合之众。你会怎么看待自己呢？你的心态也是这样的吗？你应该这样吗？你会坐在教室里幻想着痛扁走廊上的孩子吗？你会幻想下次的毒品交易，或能够让你喝得醉醺醺的周末派对吗？也许不会，但是你意识到，你有这种嫌疑，因为你是个青少年，尤其还是个男孩。

或许你属于另一类青少年。也许你的父母并不担心毒品和酒精，认为你不会在那些方面遇到麻烦。但是他们会向你施加压力，要你成为明星，事业有成：大学体育运动队中速度最快最年轻的四分卫，数学最高分获得者，卓有造诣的钢琴家，班里的班长。你感到压抑、迷惑而又焦虑。然后，你看到广告牌上的男孩似乎生活在别的国家（很糟糕的世界中），你知道模仿他们肯定会激怒你的父亲。但那至少会让他意识到，你需要拥有部分选择权。

但你很快就断定，模仿广告牌上的男孩于事无补。它仅仅向你的父母和老师证实了他们此前的看法：青少年男孩无法无天，几乎令人无法忍受；需要经常制止他们抽烟、打架、吸毒或发生性行为。你不想成为那样的男孩，因为你不想看到他们沾沾自喜于自己料事如神。

父母几乎将青少年男孩尝试的所有危险行为都归咎于同龄人的压力。因为媒体就是这样告诉我们的：来自于同伴、团体乃至于一个不良朋友的压力能够诱使男孩为所欲为。由于我们知道青少年想要确定自己的个性，想要获得同龄人的认可，而且他们的激素十分旺盛，我们就相信了这种看法。我们的职责就是教导儿子变得足够自信和强大，迥然不同于其他人。如果他们的朋友在聚会中喝得醉醺醺，我们必须让他们远离那样的聚会。他们要敢于拒绝自己的女朋友（有些女孩子越来越喜欢性挑逗）。

这个推论并不完全正确。当然，我们都希望男孩远离危险的事物，走

第 5 章
如何帮助青少年男孩？

上正道，拥有强大而独特的个性，成为性格非凡的年轻人。我们也应该这样教导他们。但问题在于，我们起初完全误解了男孩之所以深陷困境的原因。同龄人的压力并不是促使男孩吸毒、酗酒、沮丧、学习成绩下降或辍学的主要原因。

真实的原因是，我们降低了自己对青少年男孩的期望。我们完全接受了认为他们性欲失控的流行观点，因此纵容性泛滥的媒体对他们狂轰滥炸。我们完全承认他们可能是不满的、暴戾的、好斗的，并纵容他们每周在各种媒体（包括说唱乐、暴力型电子游戏和恶俗的情景喜剧）上花费很多时间，而这些媒体只会怂恿不满的、暴戾的、好斗的行为。我们完全承认，雄性激素会战胜所有的道德信仰，因此也根本不必费心教他们去了解道德或宗教。因为谈论它们会让我们感到不安，或者我们"不想强迫他们接受我们的理念"；或者我们觉得生活太忙碌了，没有时间去基督教会或犹太会堂。但事实上，与父母打交道时的喜怒无常、大发脾气或叛逆对抗，尽管我们会想当然地将它们视为青春期的固有现象，但它们其实是不正常的。

很少有父母知道，著名的儿童心理学家布鲁诺·贝特莱姆告诉我们："青春期既不是神赐的成长阶段，也不是我们本性发展的必然结果，它是最近的社会环境所造成的。"当然，男孩在青春期会经历生理的、情感的、认知的重大变化。这些变化无疑会让青少年处于骚动和焦虑之中。但相对于他的年龄来说，蹒跚学步时也会发生同样的事情。事实上，2 岁的男孩之所以大发脾气，是因为他在智力和情感上日益渴望做些事情，但他幼小的身体却不允许他这样做。这种相同的现象可以在很大程度上解释 16 岁男孩的沮丧和愤怒。可能有人会说，青春期男孩的感受要更复杂、更强烈。也许是对的，但是相对于他的年龄和能力而言，这些沮丧以及沮丧的原因仍然无异于 2 岁的孩子。事实上，在教育专家汤姆·利柯纳看来，许多成人比青少年遇到的麻烦更大。在马尼拉举行的国际教育会议中，他在演讲中说："事实上，统计数据表明，与青少年相比，35～45 岁的美国成人更可能从事各种各样的危险行为。中年成人更有可能造成严重的交通事故、自杀、饮酒无度，并由于服用过量毒品而需要住院治疗。"

在过去 40 年中，青少年的心理学和医学研究取得了极大的进展。下面列出了部分研究结果。

如何辨别青春期疾病

情绪很难量化，更难于表达出来。但是我们都知道，和 20 年或 30 年以前相比，尽管患抑郁症男孩的比率上升了，但男孩患上抑郁症的比率远远低于女孩。青少年抑郁症的兴起和性病的急剧增加之间存在着明显的相似之处。如今，研究清楚地表明，青少年的性行为会导致他们更容易患上抑郁症。因此，尽管大多数男孩（和女孩）都在青春期成长得非常健康，青少年抑郁症却是个严重的问题。不幸的是，它却常常受到父母乃至于医生的忽略和误诊。为了识别它的本质，我们必须能够将它与青少年男孩的其他问题行为以及正常行为区别开来。例如，有种疾病名叫情绪消沉（dysthymia），它属于情绪失调。此外，还有种疾病名叫反抗叛逆症（Oppositional Defiance Disorder）。我们可以通过如下方式将这些疾病与严重的临床抑郁症以及正常的青少年行为区分开来。

重度抑郁症（超过两周并至少有五种下述症状）
情绪低沉或易怒

食欲不振或体重失常

睡眠失常

运动减少

疲倦乏力或缺少活力

无法集中注意力

无价值感或罪恶感

不断想到死亡或自杀

情绪消沉（超过两个月并至少有两种下述症状）

情绪低迷，极度悲伤

对平时热爱的活动丧失了兴趣

食欲不振

易怒

易争吵

缺乏活力，疲倦无力

睡眠失常

无法集中注意力

感到绝望

周期性的无价值感和罪恶感

难于作出抉择

反抗叛逆症（超过半年的抗拒、挑衅、敌对行为并至少具有四种下述症状）

经常与成人争论

经常发脾气

经常故意激怒他人

经常将自己的错误或不当行为归咎于他人

经常神经质或易于被他人激怒

经常生气和愤恨

经常积极地反抗，或拒绝服从成人

经常怀有恶意或企图报复

持续撒谎

沟通存在障碍

肢体的攻击行为

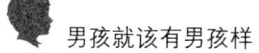

同时伴有抑郁症或多动症

正常的青少年行为

经常吵着要求独立

偶尔发脾气

喜怒无常

闷闷不乐

精神不振

更乐意找朋友们玩,而不是和家人玩

我列出这个清单,并非想要告诉读者如何迅速地诊断出抑郁症——这需要医生对患者进行全面的诊断——而是想要指出,我们视为正常的许多青少年行为其实根本就不正常。我们所接受的很多流行文化其实是非常有毒的,它促使青少年的行为和境况出现了问题。

如果你的孩子当真患上了抑郁症,请向他人寻求帮助,因为这种疾病很严重,抑郁症男孩极有可能自杀或杀死他人。根据我的经验来看,患上抑郁症的青少年男孩往往不愿意接受帮助,而父亲也极有可能阻止患上抑郁症的儿子接受亟须的治疗。抗抑郁药物可能会被滥服滥用,但它们确实是有帮助的;如果你的儿子需要帮助,不要让他的(或你的)自尊自傲妨碍他接受治疗。

幸运的是,对于大多数父母来说,与其将青少年子女的失调行为视为正常行为,不如承认他们是临床抑郁症的受害者,后面这种做法要更为稳妥。如果青少年男孩撒谎成性,长时间宅在自己的房间里,对朋友和家人充满敌意乃至于进行人身攻击,这绝不是正常的。在当今社会,这些行为无疑变得越来越普遍,但它们始终是个危险的信号,表明这些男孩正在承受着某种困扰。这些行为是求救的呼声,当我们自欺欺人地将它们视为正常行为的时候,我们就极大地伤害了男孩。

让男孩学会自律

科学家们最近对青少年大脑有了许多研究成果,尤其是证实了许多男孩要到 20 多岁才能具有完全成熟的认知能力,这让许多家长和教育工作者大大地松了口气。根据美国心理健康学会的杰·吉德医生的看法,青少年也许能够影响自身大脑的结构和构成,因为他们的大脑此时正在经历许多成长变化。他们可以约束自己的想法,理解抽象的概念并克制自身的冲动,借此来训练自己的大脑,而这又可能影响到他们的神经系统。杰·吉德医生说:"你在建构青春期的大脑。你想将它建构得擅长体育运动、音乐演奏和数学运算呢,还是想将它建构得擅长窝在沙发上看电视呢?"

具体说来,科学家们发现大脑不同部位的成熟速度各不相同。例如,大脑的前部被称为前脑皮质,这部分主导判断、情绪控制和自律。如今,我们都知道,许多男孩的这部分大脑要等到 20 岁初期才能发育完全。而大脑的胼胝体则连接着左右半脑,它主导着智力、自我意识和知觉,它也像前脑皮质那样,在大多数男孩身上要等到 20 多岁才能发展成熟。颞叶位于大脑的侧面(太阳穴附近),它主导着情感的成熟度。它们在男孩达到 16 岁时就获得了充分发展,但仍然要等到成年初期才能完全成熟。

许多最新的大脑研究成果都鼓励父母和教育工作者承认,青少年男孩还相当不成熟,他们仍然在学习如何作出成熟的决定,如何克制冲动。而且正是在他们的青春期阶段,我们可以产生最关键的影响,帮助他们塑造人格的方方面面。

但首先要提醒大家的是:我们对镜像神经元所做的研究成果也有自身的缺陷。我们永远无法根据青少年大脑的这些描述来解释儿子的行为,也绝不能将我们的期望奠基于这类描述之上。关注大脑研究的教育工作者都非常清楚这种危险,并将它称为"基于大脑的教育"。这种危险就是,我们会告诉自己:"现在,我们知道了男孩为何会冲动、好辩、幼稚、失控。他们的神经系统还发展得很不成熟,这使他们无法克制冲动并保持安静，而只能大喊大叫，并作出非常幼稚的决定。"这是很危险的思维跳跃，是错误的，因为它将男孩的大脑等同于他的心智。大脑是重要的身体器官，而心智则是神秘的、可塑的，会受到感受、人生经历、个人信仰以及亲友的观点和行为的影响。

哈佛大学"心智、大脑和教育"项目的库尔特·费雪博士明智地告诫教育工作者和父母要正确地看待青少年大脑研究的最新知识。他提醒说，在21世纪之初，我们对神经科学的认识仍然是有缺陷的。每个家长都需要迅速地认识到这些缺陷。你觉得自己的儿子是由大脑神经网络操纵的傀儡吗？还是你觉得尽管他的大脑还在像身体那样发育成长，但他不仅仅是神经网络，而是具有自身人格与人性的健康男孩呢？身为人母与儿科医生，我知道大脑网络不能代表一切。

有些人可能忍不住会顽固地坚持大脑的生物学研究成果。因为在某些人看来，科学应该解释所有的事情，他们希望抛弃哲学和宗教，将道德分解成原子。他们认为，科学是真理的最后堡垒，是无可辩驳的。但这种立场是极端的，大多数男孩、家长、教育工作者、医生和科学家们都知道，男孩的大脑不仅仅是组织和神经元。雄性激素、雌性激素和神经化学物质充斥于青少年男孩的大脑之中，但在头盖骨和心脏之间的某个地方出现了心智，它可以受到改变、影响、守护和控制。最可靠的真理就隐藏在这里。我们中间谁敢研究它的内在运行机制呢？事实上，某些人想要利用神经科学来解释男孩行为的真正原因在于，这能让我们摆脱困境。它让我们的人生变得更轻松——我们究竟有何能耐，在青少年男孩的大脑并不允许的情况下，帮助他关注和克制自己呢？

对男孩和我们这些家长来说，幸运的是，我们能够接纳并影响他们的心灵。我们可以帮助他们如何作决定，如何思考，如何感受。由于他的心智不仅仅是大脑，所以我们能够这样做。他和我们都知道这点，科学资料也解释了这点。神经网络不能解释所有的事情。是什么在约束着男孩的冲动，让他没有做出非常冒险的举动呢？是那些能够将男孩视为全面发展的个人并认为他具有巨大的情感、智力、灵性和身体潜能的父母、老师、神父、牧师、拉比①、教练们。

因此问题是：当你的儿子开着你崭新的本田汽车时，他需要负责抑或不需要呢？是他血液和大脑中的雄性激素在促使着他将车驶出车道，像个疯子那样狂飙吗？无疑，雄性激素赋予了他活力和争强斗胜的激情。当他失去理智的时候，雄性激素可能会让他感到更加疯狂，甚至大发雷霆。但真正的问题在于，尽管他的大脑发展状况非常复杂，雄性激素的分泌量和心理需求也在发生变化，但究竟应该由谁来为他的飙车行为负责呢？是他（们）还是你？

根据神经科学教给我们的关于青少年男孩大脑的知识，我们得知，尽管男孩的举动无法完全像成人那样成熟，他的大脑却需要接受持续的训练。他的大脑正在形成过程之中，这个过程取决于他所受到的影响。他可以学会为自己的行为、冲动、想法乃至于情绪负起某种责任。但是，他无法独自做到这点，这恰恰是因为他还非常不成熟。他能够学会控制哪些行为呢？答案要大大超出我们的预期。而为他指明道路正是我们的责任。

---

① 拉比（Rabbi），指犹太民族中接受过正规宗教教育，学习过犹太教经典，担任犹太教教会精神领袖或宗教导师的人。——编者注

明确家庭教育中的十项优先重点,
为孩子塑造能够成就自我的优秀品格!

扫码免费听《父母最艰巨的工作》,
20分钟获得该书精华内容。

Chapter 6
Encouragement, Mastery, and Competition

第 6 章
男孩需要鼓励

无论采用哪种途径，男孩都需要竞争，并设法展示身体的、心智的、情感的活力。

第 6 章
男孩需要鼓励

每个男孩都需要更多的鼓励。他不需要虚假的表扬，也不需要父母敦促他变得更加优秀。他需要的是，父母在他身心成长的每个阶段都能支持他。

年轻男孩乃至于幼儿，有个奇妙的特点，那就是他具有解读父母情绪的神秘本事。如果父亲在表扬儿子时言不由衷，即便 2 岁的男孩也知道，父亲并没有说真话。年轻的男孩常常会比配偶更好地识别出来，父亲或母亲是否在说真话。

年轻男孩之所以能够非常准确地读懂父母的感受，是因为他们需要了解父母对他们的真实看法。如果 3 岁的男孩用积木造的房子比上次高，他会为自己的成就感到骄傲。但他也需要了解父亲的看法，以便衡量这个成就究竟有多大。正是因为这个原因，年幼的男孩常常喜欢将自己画的画、建的房子以及用玩具士兵布置的战场之类给爸爸妈妈看。如果父亲对他的积木房子露出赞许的微笑，这个男孩就会确信自己是个优秀的建筑家。如果他的父亲点头赞许却心不在焉，这个小男孩就会下意识地怀疑自己的成就，进而怀疑自己的能力。

学步儿童是很好的测试仪。学步儿童会不厌其烦地观察父母对他的各种行为的反应，无论他们是予以赞扬、惩罚或者完全无动于衷。这在极小的孩子身上表现得很明显，但是这个原则却在各种不同程度上适用于青少年。年轻的男孩始终会在心中怀疑自己。在最初的成长阶段，甚至在他们会说话以前，我们就能看到这个心理发展过程。他们会问："我能够独自完成这件事吗？我能够将这件事做好并赢得赞许吗？我能够比上次做得更好吗？"

我们可以观察学龄前儿童的游戏。他会不断地建造，用积木建房子和墙壁，以及其他各种建筑。有时候，他会仅仅为了重新建造而毁掉它们，或者将各种东西拆开，看看自己能不能将它们还原。有些时候，他们会发明不少给我们带来烦恼的玩法：将刮胡膏涂抹在浴室的墙上，将油漆刷在车库的地板上。当别人试图干涉他的时候，他会将他们赶跑。他是在表达恶意和无礼吗？不是的，他是在游戏中考验自己的能力。他善于做什么？刮胡膏能够画出什么样的画？许多时候，当男孩将事情搞砸了，他们会假装自己的杰作其实并不糟糕。浴室墙壁上的刮胡膏是森林中的云彩，车库地板上的红色油漆是他的私人城堡中的地毯……这不是你的车库，而是他的游戏场，因为他在想象中觉得这个地方是他的。

尽管我们不需要鼓励3岁的男孩去破坏房子或车库，但我们需要让他了解自身的能力。尽管他的游戏可能具有破坏性，将房间弄得凌乱不堪，需要你在事后费心清理残局，但对你的儿子来说，这些游戏却大有益处。他不仅在建设和破坏，也在试图了解自身的能力。当他每天重复这些活动的时候，他想看看自己是否能够比上次建造得更好。

屡见不鲜的情况是，在年幼的男孩玩战争游戏时，父母会感到不安。其实这大可不必。我记得有位父亲告诉我，他曾经专门抽出时间和儿子玩耍，以便增进父子之间的感情。我问他们做了些什么，他说："我们玩了《真人快打》[①]游戏，简直太开心了！"坦率地说，与其和儿子玩血腥的电

[①] 真人快打（Moral Kombat），著名的格斗游戏，也被翻译为"魔宫战士"或"魔宫帝国"。此作品最重要的卖点就是其血腥的效果，和以真实人物作为格斗角色出场。——译者注

第6章
男孩需要鼓励

子游戏,父子俩还不如带着气枪到森林中去玩。为什么呢?因为森林是真实可感的,父子俩可以在里面共同玩耍,而不是盯着电脑上的血腥镜头。同时,在森林中,男孩的创造力会变得非常活跃,而不会受到血腥画面的毒害。他可以欣赏森林中的树木、飞鸟和松鼠,这些东西都比屏幕上的景象更真实,能够激发孩子的想象力,甚至能够被他想象成虚假的敌人。

事实上,所有的男孩——如果允许他们的天性自由发展的话——都会玩战争游戏。男孩需要感受到挑战和竞争,对他们来说,玩战争游戏无异于踢足球,尽管前者需要更多的想象力。获胜——当然他不可能每次都获胜——证实了他的男子汉气质,这实际上有助于培养他的自尊,促使他变得成熟起来。此外,对男孩来说,战争游戏还有个作用。男孩天生都有道德准则,而战争游戏中有好人和坏人,这强化了他的道德意识。坏人需要被制伏,在虚假的游戏中,他会教导自己说,好人能够打败坏人。当然,等到他上学时,会碰见恶霸,也会看到人们做各种坏事。他需要确信,邪不压正。玩战争游戏可以让男孩做到这一点。在他们看来,战争游戏是一种道德游戏。由于男孩身处其中,玩战争游戏远比观看(或玩)相同主题的电影(或电子游戏)更有助于帮助他们相信邪不压正。他是后院/树林/地下室的真实世界的参与者,而不是点击键盘并观看屏幕。男孩需要亲自体验到胜利的喜悦。

著名的儿童心理学家布鲁诺·贝特莱姆总结说,男孩需要通过战争游戏来塑造自己的道德原则:"如果儿童在游戏中挑选的最终角色是那些坚持道德原则的人,那么,这个孩子在人生中更容易获得成功……无论这些'好'人是谁,这个孩子最终都必然会效仿他们。"在正义战胜邪恶的战争游戏中,获胜的男孩能够变得更自信、更乐观。贝特莱姆在其著作《神话的魅力》(*The Uses of Enchantment*)中写道:"如果出于某种原因,孩子无法乐观地想象自己的未来,他的成长就会受到阻碍。"这表明,战争游戏中的正义战胜邪恶能够帮助男孩乐观地想象自己的未来,并促使他变得成熟。

在内在的道德观念中，男孩知道邪恶是存在的。他们知道自己会产生邪恶的念头，也会做各种坏事。因此，每个合格的父母都必须让孩子知道如何面对邪恶，而不是忽略它。宗教教育（犹太－基督教传统强调原罪和忏悔）可以做到这点。但是，玩战争游戏也是个可行办法。在受到良好的道德教育以后，男孩不仅能够战胜邪恶，也能成为高贵的骑士。正如贝特莱姆所说："更高尚的目标强化了行善的意愿……他开始获得了启迪，而这是单纯的说教无法让他心悦诚服的。这个启迪就是：仅仅对抗邪恶是不够的，他的对抗必须是为了更高贵的事业，并具有骑士般的勇气。也就是说，游戏的最高原则就是以德行事。这反过来会增强他的自尊，大大地促使他变得更有教养。"

母亲的接纳

母亲鼓励儿子的方式大大不同于父亲。通常来说，母亲需要给予儿子情感的温暖和安全感，给予爱、耐心和仁慈。由于她是女性，她不会与儿子竞争，因此能够比父亲更容易接纳儿子的个性。

在童年早期，男孩常常会和母亲形成更亲密的感情纽带，我们万万不能人为或过早地切断这种纽带。母亲可以在很多方面鼓励儿子，而这些方面通常是父亲注意不到的。由于母子感情往往比父子感情更亲密，母亲更容易察觉到儿子的感受和动机，并尽力理解和引导他们。许多男孩待在妈妈身边时会感到更自在，不会变得手足无措。这也意味着，男孩的孩子气会更多地表现在妈妈面前——大喊大叫，大发雷霆，哭泣。由于男孩觉得自己已经赢得了妈妈的认可和永远的爱，他们不用担心如何去取悦妈妈；与此同时，他们却觉得自己必须设法获得父亲的欢心。

由于这些差异，在帮助儿子理清自己的感受并学会如何面对这些感受时，母亲具有天然的优势。例如，6岁的杰克放学回家时，发现他的妹妹摔坏了他的玩具飞机。他大发雷霆，冲着妹妹大吼，并动手打了她。他哭着冲进妹妹的房间，撕掉了她的布娃娃的脑袋。出现这种情况时，父亲可能会将杰克带走，扇他的耳光，然后将他送回房间。但母亲可能会采取不同的方式来管教他。杰克的妈妈可能会同情他的沮丧和愤怒，因为母子俩的感情纽带可能比父子俩的感情纽带更加牢固。她可能会带杰克回到房间，让他平静下来，然后帮助他认识到，尽管他的沮丧和愤怒情有可原，但打妹妹并撕坏她的布娃娃是不对的。承认了杰克的怒气以后，妈妈就能帮助他缓解怒气（当男孩发怒时，他们甚至可能会吓到自己）。然后，她可以为儿子确定情绪失控时的原则——不许打人，不许骂人，不许破坏东西——从而教会儿子在生气时应该怎么办。

当妈妈经年累月地反复这样做时，它不仅能够帮助男孩面对自己的感受，也能培养他的自尊。他不会放纵自己的各种情绪，知道自己至少在某种程度上可以控制它。通过帮助儿子面对这些情绪，母亲大大地促进了儿子的成长。

由于母子之间的这种感情纽带，当儿子表现出良好的品质，或取得身体或智力上的成就时，母亲往往能够公开地称赞自己的儿子。而最重要的是，母亲能够让儿子觉得，不论他们成为什么样的人，母亲都会爱他们。

父亲的认可

不幸的是，我们的文化很少鼓励男孩成为了不起的男子汉。在电视中，男人们是愚蠢的、纵欲无度的，他们的智力和情感几乎始终是浅薄的。男人们似乎并不在乎这种描述，只是一笑了之。但我在乎这种描述，因为我们的儿子需要好榜样。鉴于他们在电子媒体上耗费了大量时间，电视应该给他们树立好的榜样。

无疑，贬低男子汉气魄和父亲身份产生了更广泛的文化后果，这导致结婚率下降，离婚率升高，许多男孩都在单亲妈妈的家庭中长大成人。这是个全国性悲剧，因为男孩最需要从父亲——而不是任何其他人——那里获得积极的鼓励。在男孩的眼中，父亲说的话就是金科玉律，具有巨大的力量。他的话能够毁掉男孩，也能让男孩劫后重生。如果父亲完全缺席的话，这会是男孩人生中的巨大空白。而令人心惊的统计数据表明，如果男孩在成长过程中没有父亲的陪伴，他们更有可能吸毒、酗酒并染上性病，并最终进入监狱。

父亲的鼓励能够改变男孩的人生。他的话语能够激发男孩的巨大激情，帮助男孩实现他为自己设定的任何目标。对儿子来说，父亲的话就是终极真理。如果这些话是积极的，男孩就会觉得自己不会输；相反，如果这些话是消极的，男孩就会觉得自己永远不会成功。

如果读者是个儿子，那么，读到这段话时完全能够心领神会。

不幸的是，许多父亲都没有意识到他们的话语对儿子所具有的影响力。当6岁的男孩将他的美术作品从学校带回家给妈妈看时，他盼望爸爸也能看到这件作品，并点头表示赞许。然后，他会想再画一张画。在场上打球的10岁男孩会更加留心父亲所在的看台，而不是母亲所在的看台。他等着父亲脸上露出满意的表情，以便知道他当然可以完成本垒打①。

父亲也往往会比母亲更多地管教男孩，往往比母亲要严厉得多，这有利也有弊。好处在于，父亲理解男孩心智的角度，是母亲无法具备的。他知道儿子为何想将垃圾袋制作成降落伞然后系着它从屋顶上跳下来。父亲理解那些古怪行为，理解儿子的活力，也知道儿子需要展现自己的男子汉气魄。他也能担任儿子的指导者。父亲对儿子说的名言就是"坚强些，做个男子汉"。他们从不讨论儿子的感受，只看行为。我观察过自己的丈夫，他对儿子说的话和对女儿说的话之间差别很大。

父亲会鼓励男子汉行为。男孩需要这种鼓励，但父亲也必须告诫他们小心行事。对于许多父亲来说，如果男孩达不到要求，鼓励就会变为斥责、奚落和指责儿子懦弱无能。不要这么做，这可能会毁掉你的儿子。不

---

① 本垒打(home run)，棒球运动中的术语，系棒球比赛中非常精彩的高潮瞬间。——译者注

幸的是，世世代代的父亲都常常会犯这种错误。许多父亲自身就是在饱受父亲批评和否定的环境里长大的，因此他们非常习惯于打击自己的儿子，专挑他们的缺陷和不足。

但年幼的男孩需要父亲肯定他们，而不是打击他们。8岁的男孩还不是成人，仍然还在探索过程当中。有时候，尽管父亲用心良苦，他们的批评还是会让男孩对他们关上心扉。有时候，当父亲戏谑孩子时，无意中就会导致这种情况。

记住，在男孩眼中，父亲的话始终很有分量。因此，如果在摔跤的时候，父亲对10岁的儿子说，他就像个女孩，这个男孩可能会耿耿于怀。当父亲说"你不够强壮，也永远不会很强壮"或"你太懦弱无能了"，儿子可能会做出完全不同的理解。通常当这种戏谑的言语出自父亲之口时，男孩往往会曲解它，并夸大它的言外之意。

当父亲训练自己时常积极地肯定儿子时，那么，再怎么强调它对男孩自尊和未来人生成就的积极影响都不为过。事实上，要预测女孩的自尊自信，莫过于观察父亲通过肢体表达出来的情感了。同样，当父亲鼓励儿子时，无论是通过话语还是肢体语言，男孩的人生始终都会变得更加美好。

比赛的意义

男孩喜欢观看比赛，也喜欢参加比赛，因为他们想知道自己是否能赢。然后他们也能体验到胜利时的喜悦。体育比赛为男孩提供了机会，让他们可以采取安全而克制的方式来发挥身体或肌肉的力量，从而打败其他人。男孩可以借此了解到，他更强壮、更熟练、更能干。

有趣的是，对于参加体育比赛的男孩来说，更重要的甚至不是在比赛中获胜，而是了解自己的长处。和队友们比起来，他的动作够敏捷还是很迟缓呢？他显得强壮还是瘦弱呢？比赛的结果不仅会让他成为赢家或输家，而且能让他更好地了解自己。

男孩就该有男孩样

确认自我

想象一下你14岁的儿子赢得曲棍球比赛以后的情景。他知道,输掉的球队实力较弱,但即便他知道这算不上很大的成功,仍然会竭尽全力,并为自己的球队获胜感到开心。

现在假设曲棍球比赛中,与儿子较量的球队的实力要强得多,儿子所在球队毫无悬念地输掉了。但是,儿子和队友们仍然竭尽全力。教练在更衣室将男孩们召集起来,告诉他们,他为他们感到骄傲,他们打得非常精彩,超过了他们在以前打败实力较弱的球队时的表现。

男孩们从更衣室中走出来。儿子告诉你,没关系,他们已经尽力了,但仍然输掉了。事实上,他知道自己打得很好,并从中感受到了安慰和自豪。但是,对于14岁的男孩来说,比赛并不是说竭尽全力就行了。在他看来,获胜——即便对方的球队很差劲——才能实实在在地证明,他是个优秀的曲棍球手。这不仅仅是个视角问题,而是计分板上实实在在的获胜。目睹胜利往往会让他相信,自己是个优秀的曲棍球手,能够发挥出高水平。他是卓越的、优秀的,能够在自己喜爱的体育比赛中运动自如。知道并感受到这点以后,他就能真心相信,自己竟然成为了男子汉。

对于男孩来说,与其说比赛是指打败他人,毋宁说它是在确立自我认同和自我感受。获胜能够让他情绪高昂,这是因为它显然证明,他是个男子汉,而这正是他想要拥有的自我感受。

驾驭身体

体育比赛能够很好地让男孩释放大量的精力,并学会驾驭自己的身体。男孩能够锻炼自己,让自己跑得更快,踢得更准。通过打曲棍球、网球或高尔夫球,他们能够加强自己的手眼协调能力。

通过体育比赛,男孩能学到关于自身和整个人生的重要功课。当2岁的男孩无法驾驭自己的身体完成想做的事情时,他们就会大哭大闹,沮丧

第6章
男孩需要鼓励

地趴在地上。当8岁的男孩打出软式垒球并看着它嗖嗖地飞过一垒手的头顶时，他会觉得自己非常强壮。但是，当这个8岁男孩在跑垒并被触杀[①]时，他就会充满沮丧地下场，因为他瘦小的双腿跑得还不够快。

13岁男孩的雄性激素的分泌量正在发生变化，他会觉得自己在足球赛中运球有点困难，行为笨拙迟缓。他的双腿过长，步态不稳。他需要克服这个缺陷并消除自己的沮丧感，为此需要父母的鼓励，直到他安然度过青春期为止。他需要变得更像男人，肌肉更强壮，并具有更好的协调能力。这些都会慢慢实现，但他需要持续不断地参加体育比赛。比赛能够让他更努力地控制自己的射门、运球和速度。其他人的挑战会让他变得更敏捷，激发他去练习，让自己的速度变得更快，步子迈得更大。

驾驭自己的身体是男孩感受到的首个挑战，也是持续时间最长的挑战。让身体活动自如是所有男孩（和成人）的重要任务。但控制身体的欲望是男子汉的欲望，本身应该受到鼓励。

这不是说男孩在10岁时需要举重，或对自己要求过于苛刻。男孩需要锻炼，但也需要休息。他们的身体正在成长、变化和发育，你不应该对这么年轻的身体施加太多的压力。对男孩来说，他最终需要的不是在大学体育比赛中获得系列的胜利，也不必成为明星，但他需要知道，他能够驾驭自己的身体，让身体服从自己的心灵。他能凭借自己的身体，在某些体育比赛或活动中，取得某种程度上（包括业余或非正式水平）的胜利。

控制情绪

每个男孩都需要在成长过程中学会控制自己的情绪。这不是说，男孩不应该有情绪。相反，在男孩从小学升入初中再升入高中的过程中，他的感情生活会变得越来越丰富、越来越复杂。因此，当他进入青春期时，他往往更难理解和区分自己的感受。对于男孩子来说，忽略情绪和控制情绪

[①] 触杀是棒球和垒球比赛中的术语，指守场员用手套或手牢固地将球握住，同时以所持的球或持球的手或手套碰触跑垒员的身体使其出局的防守行为。——译者注

之间存在着明显而重要的差别。前者根植于恐惧之中，后来则源于男子汉的成熟。不应该鼓励男孩在感情上麻木不仁或逃避各种感受。如果男孩将自己的情绪压抑到麻木不仁的地步，那是很危险的——事实上那是病态的，他需要接受治疗。他们还没有控制住自己的情绪，而是试图活生生地扼杀它。健康地控制情绪包括两个要素：首先是如实地分辨出每种情绪，其次是知道如何面对它。男孩成长的目标就是，学会不管情绪如何都能听从理智的声音。这个目标就是自律。男孩在成功地控制自己的身体以后会感受到自豪、成功和男子汉气魄；当他学会控制自己的情绪时，他也会有类似的成就感。

竞争能够很好地帮助男孩实现这个目标。毫无疑问，体育比赛会让男孩争强好胜，但它也需要男孩克制这种好胜心。在体育活动中，男孩会学习如何控制和引导自己的好胜心。他会懂得何时应该争强好胜，何时不应该这么做。当他具备这种克制能力以后，他的自尊心就会增强，他也会变得更加成熟。他知道，他能够驾驭自己的能力和情绪。

释放精力

当我打开诊断室的大门时，苏从椅子上噌地站起来，仿佛想要找我交涉。她45岁左右，平常很开朗。她带着最大的孩子艾丽和小儿子。今年5岁的艾丽穿得仿佛要去教堂似的，安静地坐在那里画画。今天来做体检的是一岁半的阿隆。

"你得帮帮我这个孩子，"苏脱口而出，"他疯了，我是说真的。他会害死自己的，米克医生。他坐不住，也不能慢慢走路或安静地站着。他始终都在跑啊，爬啊，动来动去的。在我们的商店里，摆了许多可乐瓶子。它们堆得高高的，就像个金字塔。阿隆想从瓶子上跳过去，然后瓶子就跌下来了。你看，他弄得到处是伤。"她显得很紧张。

苏和丈夫是很好的家长。苏以前告诉我，他们好不容易才怀上了孩子，为人父母。但他们都极其爱护孩子，轮流上班并照顾孩子——他们开

第6章
男孩需要鼓励

办了一个野营地,并在营地门口经营一家商店。他们只让自己的家人来帮忙临时照顾孩子,而他们在附近有许多家人。苏的母亲和祖母都住在野营地,她的姐姐全家也住在那里。他们每个人都认为,阿隆是个不正常的孩子。

在苏说话的时候,我看着阿隆。他将凳子拖到窗台那里,然后将窗户打开又关上。后来,他又从凳子上爬到我的诊断桌上,诊断桌几乎有四英尺高。爬到上面以后,他就站直身子,准备跳下来。苏没有注意到,但我注意到了。我跑过去,从桌子上捉住他,将他背了下来。他像个螺丝起子那样扭动着小小的躯体,蹦到了地上。阿隆很可爱也很有趣,但也过于活跃,极难对付。从医学角度来讲,他属于机能亢进。

苏和我都认为,阿隆的爸爸需要多多陪伴儿子,让他的日常生活变得富有条理和秩序——重复的节奏,遵守前后连贯的、简单易懂的规矩。如果破坏了这些规矩,父母就必须管教他。苏和丈夫完全做到了,但阿隆仍然过度活跃。在三岁半时,阿隆学会了骑没有辅助轮的两轮自行车。4岁时,他不穿救生衣就在野营地的池塘中游泳。5岁时,他的父母不得不将安装在后院的秋千取下来,因为他会爬到攀架的顶上,从上面走过去,直到后来他摔断了胳膊。苏和丈夫非常担心他哪天会发生严重的意外。

阿隆6岁时,他的妈妈和我讨论起适合他的体育运动。她担心,他充沛的精力会让他在球队里待不下去。但是,在他7岁时,她让步了,同意让他报名参加篮球队。他爱打篮球,她鼓励教练让他比其他孩子跑得更勤快。他照着教练的话做了。然后,她让他去踢足球。她很快意识到,在参加球赛之前,让他玩一两个小时热热身对他大有好处。阿隆热爱体育运动,因此他的父母让他尽情玩耍,但这仍然不足以让他发泄过剩的精力。

在阿隆读三年级时,他的父亲介绍他下国际象棋。他的父亲热爱这种比赛,阿隆就让父亲教他。令人感到惊讶的是,阿隆也喜欢上了这种比赛,只要有机会,父子俩就会下棋。没有人会相信,这个男孩能安静地坐那么久。但他做到了。他喜欢象棋比赛。他是个聪明的男孩,喜欢这种挑战。尽管他很难集中注意力，经常会感到沮丧，但他的好胜心还是让他回到了棋盘上。12岁时，阿隆仍然有无穷无尽的精力，有时似乎马上就会决堤。他继续玩美式足球、篮球，当然也会继续下棋。

体育比赛让阿隆得以发挥自己的体力，但竞赛的挑战也同等重要。求胜的欲望帮助他引导自己的精力和注意力。好胜心和挫败感将他的精力导向非常明确的目标，以便他能释放它们。因为过度活跃的男孩需要面对的并不单单是体力。他们的内心因为沮丧、愤怒和失望而感到混乱不堪，因为他们知道，他们的感受和其他孩子迥然不同。国际象棋让阿隆能够发挥并拓展自己的精神能量。这迫使他去开发自己的智力，去思考，然后重新调整战略，以便能够战胜父亲。象棋也教他要竭尽所能地集中注意力并静坐不动，并让他拥有了与父亲相处的美好时光。

精力活跃过人的男孩需要发泄他们的精力。但是，我们万万不可忘记，这不仅仅指体能。许多男孩的情绪和智力也非常活跃，也需要加以恰当的疏导。体育比赛适合许多男孩。而国际象棋等竞技型游戏则更适合于部分男孩。

许多对体育运动不感兴趣的男孩通过艺术——钢琴、圆号、素描或彩画、踢踏舞或高地舞——找到了释放精力的途径。无论采用哪种途径，男孩都需要竞争，并需要设法展示身体的、心智的、情感的活力。

健康的竞争

简而言之，青春期是男孩学习驾驭自我的时期。毋庸说，如果驾驭自我是青春期的目标，那么竞争在这个过程中起着至关重要的作用。在青少年时代，体育比赛始终在帮助男孩实现这个目标。但在青春期，体育比赛还肩负着其他责任。因为此时，男孩正在确立自己的身份，以便与家庭分别开来。与此同时，他也开始想要恋爱。

在青春期，男孩分泌的雄性激素大量增加，这让男孩累积了许多性能量。我们必须教导他们如何面对它。许多家长都对此感到极其不安，但母亲或父亲（最好是父亲，因为大多数男孩不想听母亲谈论这些东西）必须与孩子交流，告诉他们可能会发生什么，会产生哪些感受；然后鼓励他们采取健康的方式来面对它，比如体育比赛。父母也可以引导男孩将这种性能量疏导到艺术或其他形式的竞赛（比如象棋锦标赛）中去。如果不能疏导的话，如果不能让他的身体或情感避开严重危险的话，流行文化就有了可乘之机。不要让他受流行文化的毒害。我治疗过太多这样的病人，他们毫不费力地就吸收了电影、iPad和电视上传递的廉价而低俗的信息。

性能量不同于智力、身体或精神的活力，必须要承认它，面对它，利用它并驾驭它。否则，男孩就会受制于各种性冲动，而不能驾驭它们。男孩必须驾驭自己人生的方方面面。

学习成绩、体育、音乐或任何其他竞赛活动中的成就都能帮助男孩学会自律、自控和专注，并正确地引导自己的精力，实现理想中的目标。简而言之，它们有利于培养他的人格。它们不是魔力丸——男孩需要优秀的教练、导师和家长来鼓励他们——但无疑大有益处。这样，男孩就能够逐渐学会控制自身人格的一个方面，接着是另一方面……自我驾驭会让男孩获得成就感。但不幸的是，如今的许多男孩都没有学会这个过程，他们的生活缺乏纪律和秩序，内外的生活都显得混乱不堪。这对他们和我们来说都是不幸的。家长绝对有必要教导儿子认识到，井然有序并充满乐趣和自制的生活，为人生的自由和成功铺平了道路。如果男孩在家长的鼓励下学会了培养内在的男子汉品格，通过健康的竞争学会了尊重自己和他人，他们就更可能活出美好的人生。但是单靠他们自己无法意识到这点。我们必须帮助他们，且在他们很小的时候就着手这样做。

  帮助孩子在学习上主动、专注、自律、自信,
全面激发孩子的学习热情!

扫码免费听《如何说孩子才肯学》,
20分钟获得该书精华内容。

Chapter 7
A Mother's Son

第 7 章
母亲的作用

母亲始终是儿子最有力的保护者和捍卫者。

第 7 章
母亲的作用

最初看到儿子时,妈妈会感受到天堂般的喜悦,而在这背后,则是浸润在恐惧中的隐隐的痛苦。襁褓中的儿子需要他,她也无条件地爱他。但她也痛苦地知道,他终将长大成人,离开她身边,属于另外某个女人。对很多妈妈来说,这种悲欣交集的感受不同于她们生下女儿时的喜悦和恐惧。

在儿子出生之前,这种意识是不存在的。但是,当妈妈刚刚看见儿子,当母爱的本能将她紧紧吸引到儿子身边时,她就立刻意识到了这点。母子关系天生就是这样的。从她紧紧抱着儿子的那个时刻起,她就在慢慢地准备着最后的放手。

母亲生下女儿时并不存在这种紧张感。女儿和母亲可以始终心心相印,母女之间在遗传、生理和心理上的纽带始终牢不可破。她可以成为其他人的妻子,但她的母亲仍然能够拥有她。她们都是女人,即便人生境遇发生了变化,她们之间的纽带依然会存在。然而,母亲与儿子之间的纽带要脆弱和淡薄得多。他是个异性,是个男人。但是,只要他还是个孩子,他就是我们的儿子,我们就觉得必须要保护他。

此外,母子关系与母女关系还有个区别。由于儿子是 XY 染色体,而母亲是 XX 染色体,他们之间是有隔膜的。他的男性气质不同于她的女性气质,她有多么想改变这个现实,他就会多么疏远她。他的心智不同于她,他的身体感知能力也不同于她,他有不同的担忧和想法。母亲能够理解吗?她本能地知道,为了保护他,和他亲密无间,她必须像在营养丰富的葡萄树根部嫁接枝条那样,将他嫁接在自己上面。在儿子刚出生时,这种嫁接就开始了,母亲的本能开始增强,并随着儿子的成长变得日益明显。

那么养母的情况呢?她们的本能也会以同样的方式体现出来吗?当然如此。无论有没有经过怀孕的阶段,也不管生理状况如何,这种嫁接过程都会开始。在养育孩子这个问题上,善良的妈妈可以在每件小事上都尽心竭力。

母亲的本能

在一个炎热的夏日傍晚,我坐在木制码头的尽头,双脚轻拍着微温的湖水,注视着一只母天鹅。它浮在蔚蓝色的湖水上,全身的羽毛洁白无瑕,甚至微微闪耀着蓝色的光芒。

然而,最吸引我的不是它非凡的魅力,而是它从容安详的举止。它浮在水面上,几乎静止不动。与此同时,它伸出优美的长颈,举头四顾,泰然自若。它的身后浮着三只小天鹅,这些小天鹅酷似长着长喙的蓬松棉球。我知道它们是它的孩子,因为它们不仅长着黑色的长喙,而且那只母天鹅举止也很威严。它们嘎嘎地叫着,但它却沉默无声。当它们对它说话时,它既不拦阻也不置可否。它只是继续向前划去。母天鹅或小天鹅似乎对彼此都毫不在意。母天鹅始终用前腿向后拨开面前的湖水。

在它游过我身旁时,我决定让 3 岁的侄女见识下天鹅的美丽。于是,我悄悄地走进房中,拿上几片面包,然后带着侄女回到码头上。

当我们回来时,母天鹅仍然浮在水面上,但它的三个孩子落在了后面。我的侄女非常同情它们,于是向它们扔了少许捏碎的面包屑。面包屑

第 7 章
母亲的作用

还没落水,三只小天鹅就赶紧游过来了。但就在面包落水的那个瞬间,母天鹅如箭似的飞奔而来,挡在它们中间,不让它们吃面包。然后,这只优美的天鹅做出了可怕的举动。它没有在面包前停下来,而是飞快地游到岸上,在沙滩上站起来。我不懂多少鸟类知识,此时却忽然知道:天鹅不仅可以在沙滩上走路,而且可以跑起来!

我的侄女尖叫起来,而我则被它的勇气惊呆了。我立刻将侄女拉到身后。此时,母天鹅朝着我们满怀敌意地展开翅膀,露出了大片白色的躯体。我看着它跑过院子,然后又转身再次跑起来,我不知道它究竟想要到哪里去。我怀疑它可能疯了,也许患上了恐水症。但不对,不对,我知道,天鹅不可能患上恐水症的。然后,天鹅转向我,开始朝码头上跑过来。它的双脚猛烈地拍打着甲板。"不可能吧,"我想,"我要受到鸟儿的袭击了。"看着这只白色的大鸟尖叫着向我跑过来,我想要放声大笑,但实际上却尖叫起来。

母天鹅继续朝我冲来。我抓起小侄女的手,和她一起跳进了水中。由于害怕将背部暴露在这只疯鸟儿的面前,我就向后跳,尽量跳得又高又远,以免踩到紧紧贴在我身后的小侄女。当我们浮出水面时,我再次看到了这只天鹅。它停下来了。在腾空的那个瞬间,我在尽力想着 B 方案:要是天鹅也跟着我跳进水中,我该怎么办呢?幸运的是,我完全不需要 B 方案。这只巨鸟在码头边停下来了,张着羽毛,幸灾乐祸地看着我们。

它停留了片刻,享受着胜利的喜悦。然后,它几乎按照跑向我们的速度,迅速地转身,从码头边飞进水中,回到了小天鹅身旁。侄女和我都没有受伤,但我花了好多天才消除了心头的恐惧。在此之前,从来没有任何动物或人这样愤怒地攻击过我。但我知道,这是母亲的本能。母天鹅会这样做,同样,男孩的母亲也会这样做,她始终是儿子最有力的保护者和捍卫者。

母爱的体现

尽管男孩和女孩的性格、成长状态以及情感与身体需求各不相同，但就我的经历而言，养育儿子与养育女儿之间的相似之处大大超过了不同之处。

妈妈是爱的给予者。无论是儿子还是女儿，恰当地爱护他们都是非常困难的事情。我们很难做到尊重和保护他们，容忍他们的脾气并坚持在教育子女的方方面面都尽心尽力。做个好妈妈并不容易。

妈妈给予儿子的许多东西，父亲也会给予，但母亲的给予方式与父亲不同。同样非常重要的是，儿子接受的方式也不同。正是因为这个原因，要健康地养育儿子，父亲和母亲都不可或缺。相同的建议，如果出自母亲之口，可能会受到欢迎；但如果出自父亲口中，就可能让儿子感到不快。

母亲给予儿子的许多东西，与其说反映了儿子的个性，毋宁说反映了她自己的个性和人格。母亲需要爱，也希望孩子需要她。这对妈妈来说是顺理成章的，因为作为凡人而言，她们是自我中心的。在被爱、被需要和被呵护的时候，妈妈会本能地觉得人生变得更美好了。因此，她们也会对儿子这样，并期望获得回报。而在孩子身上开始这个过程是最令人放心的。

每个男孩都有许多母亲能够予以满足的需要。当然，这不是贬低父亲，认为他无法满足这些需求。毫无疑问，我见过某些父亲能比母亲更好地满足其中的若干需要。然而，总体而言，母爱的本能有时候会非常奇怪地发生作用，这会让部分父亲感到有点困惑不解。我们现在来看看母亲给予儿子的最好礼物。

在影片《死囚漫步》的片尾，死囚犯戴着脚镣手铐，被带进了执行死刑的房间。他的朋友和知己海伦修女问，她能否陪着他走入房中。看守同意了她的请求。在走道的尽头，在死囚进入死刑室之前，海伦问，她是否可以摸摸他。看守同意了。海伦修女转向死囚说："当你感到痛苦和死亡的临近时，你可以抬头看着我，你会看到我对你满怀爱意的面容。"

第 7 章
母亲的作用

　　由于女性更善于言辞，她们会采取与男人不同的方式去爱。感情及其强度可能是相同的，但女性表达爱的方式和男性是不同的。由于女性说话更多，她们更善于通过言语来传递自己的爱意。对于母亲来说，这个给予爱的过程在儿子处于襁褓中时就开始了。母亲会盯着宝宝，给他们取乳名，并告诉儿子说，妈妈很爱他。交谈、拥抱、擦洗并爱抚他们有助于告诉儿子，妈妈希望给予他最美好的爱。当儿子遇到挫折的时候，他始终可以依靠妈妈重新振作起来。

　　妈妈可能不接受儿子的行为、女友、体育运动或音乐，但她会始终爱他。对男孩来说，健康地吸收母爱至为重要，因为他对母亲的感情为他此后与所有其他女性的交往确定了范例。如果他与母亲有积极的互动，他就会更加信任姐妹、女友和女性老师。反过来，如果他不相信母亲的爱，或者对母爱感到捉摸不透，就会影响他对其他异性之爱的看法——无论这种爱是浪漫的，还是柏拉图式的。

　　母亲喜欢肢体接触。由于男婴、幼年或青少年男孩都需要肢体接触，这种做法大有好处。母亲的拥抱让儿子知道，母亲爱他；她凝视着他，心中充满高兴和喜悦。他是她的爱的结晶。不幸的是，许多母亲都尽量克制自己不去拥抱儿子，因为她们觉得，男子汉不需要太多的肢体接触，也不需要太多的拥抱。这当然是错的。父亲可以对肢体接触敬而远之，可以在孩子成长的过程中克制自己不去拥抱他们，但母亲不应该效法这种做法。

　　母亲喜欢和儿子说话，但有时不要对他们的回应寄予太多指望。女性可以轻松地谈论自己的私人感受，但男孩和男人不会，有时也不能。即便对他们自己来说，个人感受也是封得严严实实的谜底。但青少年男孩尤其渴望母亲关注他们的感受，即便他们还无法清楚地表达这些感受。母亲的关心也许能安慰他们，是必不可少的，但这也可能会让男孩烦躁不已。母亲必须细心地留意儿子的反应。例如，女性之间往往会谈论各自的私人想法和感受，妈妈自然而然地也会这样和儿子交流。如果出现了问题，母亲会询问问题所在。年轻的男孩通常都不知道问题所在。即便他们知道，他们有时候会说出来，有时候也不会说。

当男孩成长到十几岁时，许多人都不想谈论自己的感受，至少不想和妈妈谈。但我们常常很难察觉的是，大多数男孩仍然希望母亲在意他们的感受。这可能会让青春期男孩养成个坏习惯：无意识地与母亲玩捉迷藏游戏。他们希望母亲能意识到他们很难过，但又不想将真相说出来。他们之所以这样做，是因为他们觉得：如果妈妈真心爱护他们，那会让他们觉得深受安慰。

妈妈对儿子的爱还会通过第二种常见的方式体现出来，那就是食物。老派的犹太母亲或意大利母亲会精心地照顾儿子的饮食，以此来爱护孩子。消化道和母爱之间有种奇特的联系。根据我的从医经历来看，在我遇到的心理过度紧张的母亲中，大多数母亲的儿子都遇到了发育问题。如果儿子饮食不调，没有健康成长，母亲会下意识地觉得，自己这个母亲做得很失败。反之亦然。如果青少年儿子长得高大健壮，母亲就会对自己的养育能力非常满意，因为她们能够亲眼看到儿子的力量。

最后，母爱是自我牺牲的爱。她们会付出行动，只要能够让儿子健康成长，她们愿意舍弃任何东西。不管这是否是直觉，母亲就是这样的。母亲想要觉得自己被需要，需要表达她们的爱，这是因为，如果她们能够给予爱，而孩子也愿意接受它，那么她们的存在就是有价值的。

许多年以前，我在一家大型儿童医院工作，治疗过患上各种致命疾病的儿童。这些病包括脑瘤、肌肉萎缩、囊肿性纤维化等，病房里始终挤满了痛苦的孩子和悲伤的母亲。

我始终记得我照顾的那个 11 岁男孩，他患上了囊肿性纤维化病，双肺充满了黏稠的黏液，呼吸困难。我们让他服药并接受治疗，尽力在这些黏液固化之前消除它。屡见不鲜的是，这种黏液会感染上各种病菌，从而导致肺炎。如果出现这种情况，我们就会给他注射 IV 抗生素。

随着时间的推移，病菌会对抗生素产生抗体，这时我们就会给他注射

第 7 章
母亲的作用

更大剂量的抗生素。有时候这些抗生素有效,有时却不管用。这个小男孩每次都得在医院里住上几周,然后回家生活几周,接着又回来接受药物治疗。他的母亲在病房里度过了漫长的时光。她会读书给他听,或者听他说话。有时候,男孩情绪低落的时候,会冲她大喊大叫。他需要找个人——他能够找到的最可靠的人——来当他的病痛的替罪羊。她没有叫喊,只有儿子在叫喊。她也不反驳儿子的吼叫,只是安静地坐在那里。

有一天,她问我,能否和丈夫私下见见我。她没有说她想和我谈什么,只说这件事很重要。我同意了,并约好了见面的时间。我感到非常好奇,她想和我谈些什么呢?她希望他早点解脱吗?她不想看到他继续忍受折磨因而请求我们给他注射过量的止痛药吗?我很惭愧自己会产生这样的想法,但仍然忍不住这样想。

碰面以后,我们三人坐在椭圆形的桌子旁。"我知道我们都很忙,"她开口说,"我不想占用你太多时间,谈个没完。因此,我就有话直说吧。你看到我的儿子受了好几年的折磨,也了解他的不幸处境。你知道,他以后的状况会非常糟糕。"我等着她继续说,心想,可怕的事情马上就要发生了。我已准备好了措辞:"不,绝对不行。在任何情况下,我们都不能让他服药早日死亡。"

但她的话打断了我这些可耻的念头。"我丈夫和我仔细考虑过,我们深入地讨论过目前的处境,并达成了共识。我们希望你能尊重我们的愿望。"她的口气丝毫不容我提出异议。

"我想将我的双肺捐给儿子。"我盯着她的脸庞。她直视着我,我感到自己在椅子上动弹不得。我惊呆了。我无法同意她的请求。她大声尖叫,然后哭起来,后来又开始哀求我。我知道,毫无疑问,她是真诚的。她对儿子的爱是确切无疑的。最初我以为她疯了,但那天我意识到自己瞥见了母爱的面孔。

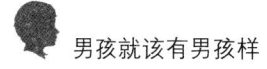 男孩就该有男孩样

守护儿子的单纯

在母亲保护（甚至过度保护）孩子之前，她们必须调动起每一种感受能力。在她们懂得如何保证孩子安全无虞之前，必须识别敌人。每天都有各种东西在威胁着儿子的生活，由于母亲本能地想要保护他，她就会留意周围的任何威胁。当母亲觉察到这些威胁——今天通常是指电子产品——以后，她们就会出击。

在复杂的电子产品无所不在的后现代文化中，男孩健康所面临的威胁是隐秘的、极难觉察的。因此，善良的妈妈会警惕地睁大双眼，竖起耳朵。随后她们的儿子就会为此向她们发难。通常这是以操控性的方式进行的："你就是不信任我。"但不要放弃。就像他们不想谈论自己的感受但仍然希望妈妈关注他们那样，男孩也不会说，他们喜欢受到约束。但他们其实希望父母管他们，因为这表明他们爱他。事实上，他们喜欢父母留意他们的举动。然而，就像交流情感那样，即便男孩喜欢受到关注，他们仍然会拒绝它。这就是母子关系中的推拉战略：尽管去做，但不要让我知道你在这样做。

然而，可悲的是，通常当母亲听见儿子指责她们不"信任"他们时，她们就会放弃自己的直觉。她们推论：嗯，我觉得你说得对。你是个好孩子，我应该信任你。于是她们移开视线，掩上耳朵，以便让年轻的男孩觉得自己更成熟了。这是个天大的错误。

睿智的妈妈知道，问题不在于信任与否：妈妈留意儿子，不是因为她不信任他。她们之所以留神，是因为人生艰难、不公而又无情。母亲阅历更多，承受了更多打击，她比年幼的男孩更了解各种危险。男孩看不到自己身后潜伏着什么，更不用说那些危险了，因此，妈妈必须充满警惕地守护他们。

玛蒂独自来找我，因为她很担心萨姆的情绪。她说，在他年满13周岁后，就变得越来越喜欢挖苦人，喜怒无常。而在13岁以前，他很随和，

第 7 章
母亲的作用

也很文静，很少顶撞她，非常听她的话。他的父亲是大型航空公司的飞行员，父子俩的感情尤为亲密。他的飞行日程安排要求他每飞行一周，然后在家休息一周。她告诉我，她的丈夫很文静，酷似萨姆，也许就是因为这个原因，父子俩才亲密无间。

玛蒂特别聪慧，口齿伶俐，也很富有爱心。她在医院里当兼职秘书，但她总是会安排好她的工作时间，以便在家里陪伴萨姆。母子俩以前的沟通都很顺利，这让她很难理解萨姆的挖苦和否定。他是家中的独子，她很快就指出，靠着她丈夫的收入和她的薪水，萨姆的生活比朋友们舒适多了。

我向她打听她儿子的朋友。萨姆与同龄人的交往圈子很固定，但他所在的八年级班上最近新来了一个男孩。萨姆和他关系很好，她很高兴萨姆能够友好地对待这个新生。我问她，萨姆放学以后会做些什么。她说，他通常做的事情是：田径练习、家庭作业、休息、上床睡觉。相当平静。

从各种描述来看，玛蒂的家庭很健康、稳定，她也为此耗费了大量精力。除了萨姆最近的态度之外，家人之间的摩擦也非常少。她和丈夫都是谦恭礼让的楷模，并教萨姆要知书达理。他们无法想象，萨姆为何会变成这样。

于是，我准备大谈青春期的正常情绪变化。但在我开始长篇大论以前，有件事促使我开始更深入地挖掘真相。

"那么，萨姆会在休息时间做什么呢？"我问，在等着她回答的间隙，我也在琢磨应该如何指点她。"不知道。"她回答说。我等着她继续说下去，但她停下来了。然后我意识到了原因：她确实不知道萨姆是怎么打发休息时间的。"他喜欢玩电子游戏吗？和朋友们在网上聊天吗？听音乐吗？"我提示说。"很可能，"她回答时耸了耸肩，"我不管他。你知道，我尊重他的隐私。他房间里有电视、笔记本电脑，还有 iPad 和手机。"

我看得出来，玛蒂的话说得越来越空洞而勉强。显然有什么东西让她对萨姆的自由活动时间感到不安，于是我继续诱导她。然而，她无法准确地找到这种不安的根源。"你觉得他放学以后会在自己房间里做什么呢？"我不依不饶。"就像我刚才所说的，我真的不知道。有时候，他会带个朋友——当然不是女孩——进入自己的房间。我猜他们在玩游戏。"她抬头看着我，眼神中夹杂着难过和担忧。"你问过萨姆在做什么吗？"我问。"没有，没有，我尊重他，当然也信任他。他是个好孩子，既然我们从来就没找到过应该怀疑他的理由，我们就该相信他。"玛蒂辩解说。

有趣的是，当我问道，萨姆是否可能会看黄色网站，或偷偷带着啤酒进入房间，或从事她认为不妥的行为时，玛蒂开始对我感到有些恼火。我怎么敢质疑她 13 岁儿子的正直呢？

意识到毫无进展以后，我问她，我能否和萨姆谈谈。她不情愿地答应了。我最初有意单独和他聊，然后，我问玛蒂是否愿意加入谈话。萨姆开始描述自己的态度变化。他承认自己比以前觉得更愤怒、多变、激动。当我问他下午在自己房间里做什么时，他简单地回答说："没做什么。就是男人玩的东西。"

"你有 MySpace 个人网页吗？"我问。"当然有，每个人都有。"他警觉起来。"谁给你留言呢？"我问。"我猜有很多人。大部分是男的，也有几个女孩。"他说话时越来越感到不安，并避开了我的眼神，在座位上扭来扭去。"为什么不将主页给你妈妈看看？"我问，并等着母子俩的叫声。"不，绝不，那是男人玩的东西。"他回答说。"确实，米克医生。"玛蒂说，"我不同意。那是他的隐私。马克和我都不赞成侵犯他的隐私。"

瞧。我们三人此刻都意识到，萨姆的 MySpace 个人网页有点不对劲。萨姆想要保密，我知道萨姆藏着让他觉得很尴尬的东西。而玛蒂则坚持己见。她不想知道儿子在做什么，不想为此给自己增添不必要的烦恼。她不想了解是因为她知道自己也许会手足无措。她会感到难过，会冲萨姆大吼大叫，并将他的笔记本电脑、手机和 iPad 全部没收。

但她的理智告诉她，她不能这样，也不应该这样。这会让孩子对她敬而远之，毁掉他的人生。她断定，最安全的做法就是保持距离，不知道，

第 7 章
母亲的作用

也不作为。当她仔细琢磨孩子前几个月的坏脾气和冷嘲热讽时,她辩解说,这可能只是青春期的阶段特征而已。但她心底对此了解得更透彻,所以她从起初就来找我。也就是说,尽管她的理智在做辩解,但她的直觉却促使她来到了我的办公室。她了解自己的儿子,知道他出了问题,她只是不敢面对它。因为如果她正视这个问题,那就得决定怎么办。这让她更加害怕。如果她让他放弃 MySpace 的个人主页,或者没收他的电脑,她害怕萨姆会反叛,甚至会离家出走。她害怕如果她处理得不妥当的话,她这个做母亲的就会非常不幸,儿子也会因此堕落。

根据我的经验来看,玛蒂的感受代表了我在美国遇到的大多数家长。我们都不敢去真正了解我们的儿子,不是因为他们是坏孩子,而是我们不敢管教他们。管教非常费神,会令人心烦意乱。即便他们在从事不健康的活动,我们仍然希望他们待在家中。我们也害怕,如果我们知道许多活动不利于他们的成长并因此阻止他们,我们就会失去儿子。但我敢向你保证:教习所和监狱中的男孩,都没有受到父母的良好管教;相反,父母往往都对他们放任自流。

但父亲处理这类事情的方式不同。在作育儿决定时,很多父亲很难理解母亲的这些复杂想法。当父亲意识到问题以后,他通常会尽力找到解决办法,然后决定是否将它付诸实施,以及在何时付诸实施。

而母亲并不是这么思考问题的。儿子的问题绝不是孤立的。母亲会考虑到各种个人感受。如果问题很严重,她可能会怀疑自己对此难辞其咎,并有责任解决它。由于她觉得自己负有责任,她害怕儿子的问题反映了她自己的人格缺陷。母亲通常对儿子心里没底,因为她们知道,她们无法完全理解男孩子的心智和体验。

在面对儿子的问题时,大多数母亲都会非常纠结。首先,由于她是女性,这不利于她去理解男性的心智和体验,因此会让她心里没底,感到不安。其次,有些母亲(以及某些父亲)始终都会将儿子的问题个人化。女人天生就习惯于将过错揽到自己身上。

玛蒂想要当萨姆的好妈妈。她非常喜欢儿子，他的学习成绩非常优秀，性格也很好。这让她觉得自己是个好妈妈。当她意识到儿子可能在从事有害的活动时，她不敢和他正面交锋，害怕儿子不听她的话，让她白费力气。因此她当时有两个问题：儿子萨姆的行为，以及她害怕自己是个不合格的母亲。

令人意想不到的是，她妥善地处理好了这件事情。当萨姆在诊断室中将自己的MySpace个人主页给她看时，她大受打击。她发现，尽管萨姆声称自己不认识某些女孩子，他却用淫秽露骨的语言和她们交流。

她理智却愤怒地告诉萨姆，他侵犯了这些女孩，这些女孩也侵犯了他。她告诉萨姆，身为这个家庭的成员，她希望他在交流时始终都能尊重他人。而且，她告诉他，他需要向这些女孩道歉，而那些言语恶俗的女孩也需要向他道歉。

玛蒂顿失常态，用戴着金色手链的手腕拍着诊断室的桌子。萨姆流泪了，他小声啜泣着。我肯定他觉得很丢脸，但我也敢肯定，在泄露出秘密以后，他觉得轻松了不少。

许多家长都会忽略男孩的不端行为，以致犯下大错。但是，这会导致不端行为接二连三地发生。如果说到玩青蛙、在树上建房子或幼儿园孩子将刮胡膏涂抹在沙发上的行为，那么，这种行为固然是男孩的天性。但如果青少年的不端行为尤其是涉及性或暴力，父母就不应该置之不理。有些胡闹行为是单纯的，表明了孩子的天真无邪，但涉及性或暴力的行为则并不单纯。然而，即便青少年男孩也应该拥有这种单纯。我们的文化想要否认这种单纯，贬低并侵蚀它，想要让孩子的趣味变得低下庸俗。但身为父母，如果我们关心儿子的身心健康，关心他们的人格，我们就需要守护他们的单纯。要像老鹰那样看护着儿子。但不幸的是，在许多成人看来，充满色情内容的书面交流似乎很可笑，只是为了吸引眼球，许多人因而不放在心上，觉得男孩这样做无伤大雅。

保护儿子的母爱本能最终战胜了玛蒂对失败的恐惧。如果更多的母亲都能睿智地听从自己的本能，敢于面对儿子的问题，那么，还有多少男孩能够体验到萨姆的那种如释重负感呢？

捍卫儿子的尊严

母亲都敏锐地知道，在儿子长大成人的过程中，需要维护他们的尊严。从生下儿女时开始，母亲就会为他们感到骄傲，因为这个孩子属于她们。但是，在这种拥有感之外，妈妈也会因为儿子是个男性而感到骄傲。她觉得自己必须将这种骄傲感传递给儿子，这样，在他长大以后，他就能够获得这种男子汉的骄傲感，捍卫自己的尊严。

母亲是儿子尊严的捍卫者和引导者，母爱的伟大之处在于它超越了儿子的全部性格和能力。在她看来，儿子的存在本身就证明了他的尊严。他可能因为脑瘫而四肢麻痹，可能要坐在轮椅上，无法说任何话，但他拥有尊严，她会让世界认识到这点。他可能是音乐会的大提琴手、专业的运动员、华尔街的经纪人或看门人……在每种情况下，由于他必须拥有尊严，所以母亲会觉察、展示并捍卫他的尊严。她是他的头号粉丝，并要求其他人尊重他，因为他正在成长为真正的男子汉。

我并不是暗示说，母亲就不爱她的女儿。母亲无疑也同样爱女儿并珍惜她们。同样，当我说母亲捍卫儿子的荣誉时，并不是说，母亲不会这样去保护女儿。我只是说，母亲在面对儿子时的感情和行为不同于她在面对女儿时的。儿子与女儿是不同的，性别差异是很重要的，也是很有益的。

有时候，母亲会过分坚持要其他人尊重她的儿子。我有个患者，在小学和初中时还长得非常矮小。他是个可爱而好动的男孩，学习成绩非常好。但他的妈妈对他的身高极其敏感。她的言谈举止向周围人透露出来的信息就是，最好不要取笑她的儿子。她觉得自己必须让世人知道，尽管他身材矮小，他仍然是个男子汉。人们在靠近她时——尤其在她带着儿子的时候——能够感觉到，她随时都在防范别人侮辱她儿子的男性气质，冒犯

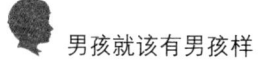

他应有的尊严。

为了让儿子的朋友及其家人、老师、教练意识到他的男性气质,她跟在儿子身后,寸步不离,确保大家都不会取笑他。在儿子小学的每个年级,她都是教师与家长之间的联络人,至少是共同联络人。观看儿子参加体育活动时,她会站在儿子所属球队的立场,而不是父母的立场。在每场比赛中,她都会和教练争吵应该让她的儿子有平等的机会。

令儿子感到沮丧的是,她让他在初中踢足球。他体重没有减轻,所以发挥水平不断下降,但她并不在乎。当别人邀请这个可怜的男孩参加生日聚会时,她不仅会带着他前往,而且会留在那里帮助他。有趣的是,如果聚会中有女孩,她就会离场;但如果都是男孩子,她就会留下来。

幸运的是,这个可怜的男孩长到16岁时开始发育,越来越高大。等到中学毕业的时候,他已经长得非常魁梧,并长出了少许胡子。他甚至可以穿32码的牛仔裤了。他的妈妈现在还要继续围着他转吗?没有。但她觉得自己是对的,并感到很骄傲。因为她觉得,她最终成功地将儿子的尊严永远地"转移"到了他的肩头。

当然,尽管受到母亲的溺爱,这个孩子还是长大成人了。当她对儿子寸步不离时,只会促使儿子更加觉得,自己的男性气质还很脆弱。既然他无法捍卫自己,她就必须为他代劳。她的在场始终都会让他想到自己的缺陷,这是他在成长过程中必须解决的问题。

也许正是因为妈妈不是男性,才会这么热烈地捍卫儿子身上的男性气质。她们觉得这并非小事。父亲怎样本能地保护女儿,母亲就会怎样捍卫儿子的尊严。

给予儿子爱的恩典

恩典是不配得到的爱。母亲能够透过丑陋的身体、迟钝的智商、野蛮的脾气或慢性疾病,洞察到儿子的灵魂,看到他内在的美丽,并因此爱他。她能够宽恕他，原谅他，接纳他，爱他，而这也许是任何其他人都做不到的。她的双眼能够穿透这些丑陋的表面，看到他被掩藏的自我，因而她将恩典给予他。尽管父亲也会这样对待儿子，但是根据我的经验来看，母亲拥有的这种能力大大超过了父亲，或者至少会更多地体现出来。在我看来，这是因为母亲不会和儿子竞争，不会像父亲那样对儿子怀着太多的期望。

每个儿子都需要感受到恩典。在我看来，没有任何其他人类体验能够像恩典这样极大地改变男孩的性格，或明显地提升他的自尊。如果男孩意识到自己不够优秀或聪明，因而觉得自己不配得到爱，这对他的成长是毁灭性的。但是，妈妈的拥抱和接纳能够改变男孩的人生。当儿子在体育比赛、学业或社交活动中受到挫折时，或者被人认为不够聪明、缺乏男性气质或不够优秀时，如果妈妈向他伸开双臂，他就会开始明白爱的实质。在母亲给予他恩典的那个时刻，他就开始明白，男子汉的价值不在于他的表现，不在于他的成功或失败，而在于他能够接纳他人的爱并予以回报。当母亲在他人生的最低谷接纳他时，他学会了这堂功课。当他在受辱时学会接纳他人的关爱时，他就学会了站得更高，学会了相信自己是个男子汉。

情感联络员

女人吸引男人的那些品质往往也是男人在日后所憎恶的品质。反之亦然。有些男人吸引女人，是因为他们很勤劳，对工作忠诚负责。但后来，同样是这些女人，会抱怨她们的丈夫是工作狂，从不陪伴她们。

对男人来说也是如此。研究表明，大多数女人每天说的话是男人的两倍。女人善于表达，而这种表达有助于让妈妈成为家庭中的情感连接器。父亲善于确定规则，寻求解决办法，母亲则更善于理解。男人起初被吸引到女人身边，正是因为她善于表达，她会谈论两性关系，谈论它的积极与消极要素。但是后来，男人因为整天听这些话，就会经常离开家庭。

女性说话较多，通常会公开表达自己的想法或感受，这对儿子的成长非常有帮助。母亲会帮助儿子了解并接纳自己的感受和想法。这能帮助孩子与母亲以及他人建立健康的人际关系，她的话能帮助他不断进步。

她可以教他不羞于将自己的感受表达出来，并让他学会选择合适的时机和方式来表达。母亲可以教儿子了解女孩，因为即便儿子难于容忍学校的女生们，他仍然会尊重他的母亲。她可以教他容忍不同年龄的女孩们，原谅他认为很荒谬的女性行为，认识到男孩和女孩之间的差异并没有好坏之分，只是人性的两种有益特征。她日后还可以帮助他理解并因此更容易接受女人的思维方式和出发点。

有时候，母亲会因为过于唠叨而让儿子感到痛苦不堪。女人需要明白，作为妈妈，尽管她们有责任帮助儿子去了解他人、关爱他人并与他人交往，但男孩在这样做时可能乐意选择不同的方式。成年男子有时候不会通过语言去和他人交往，他们不会交流彼此的感受和情绪，而经常借助于行动。这些行动是多种多样的，包括体育运动、共同爱好、工作等。

妈妈需要记住的是，她的目标是帮助儿子更好地与自我建立深层联系，并尊重儿子的行为方式。母亲常常会喋喋不休，热切地想要教导儿子；但她也必须意识到，随着儿子的成长，他的思考能力也在逐步成熟，他的认知能力会帮助他更务实地思考问题。因此，如果他能够认同她的教导，他就能够迅速地觉察并领会她想要说的话。

除了语言之外，她的肢体语言也让他更能够友爱他人。她坦诚的交流让他能够理解自身的想法，并了解他人的想法。由于她的可靠可信，他学会了信任其他女人。所有这些特征以及许多其他女性气质都让他能够和他人——男人和女人——建立更牢固的联系。

妈妈能够完美地将所有这些品质传递给儿子。她们终生都会深情地关爱儿子，保护他们，捍卫他们的尊严，给予必要的恩典，并确保儿子能够在未来建立健康的人际关系。

第 7 章
母亲的作用

让母爱放松下来

事实上，母爱有时候会剑走偏锋。妈妈常常很劳累，身不由己，也会犯下错误。她们想要道歉时却会大喊大叫，她们会因为必须工作而不能在家陪伴孩子感到愧疚，她们害怕事情可能出现各种意外。

但是，有个简单办法可以帮助你卸下部分压力，那就是让自己和儿子有更多时间放松下来。对于父母来说，最重要的就是，陪在孩子身旁并和他共同做些平凡无奇的日常琐事。

妈妈往往容易彼此扎堆，交换意见，并比较谁为孩子付出得更多。但母爱不需要竞争，它只是生命的状态而已。然而，21 世纪的后现代母亲有许多焦虑不安的理由。

来自同龄人的压力是影响母亲生活的最大因素，它极大地改变了她教养儿子的方式。来自同龄人的压力通常会对男孩产生极大的负面影响，因为它很难促使母亲为儿子做出更好的决策。它违背了母亲自己的本能，因此常常会伤害儿子。

母亲不停地担心儿子所承受的来自同龄人的压力。但比起男孩所承受的同龄人压力，父母所承受的同龄人压力对男孩的影响更大。妈妈通常会受到同龄人的严重影响，因为妈妈喜欢彼此扎堆交流，而父亲之间的交流则要少得多。

看看妈妈为男孩安排的活动数目吧。约翰尼为何要同时参加钢琴课、足球课和篮球课呢？因为其他妈妈都让自己的儿子参加了两三门课外活动。妈妈希望自己的儿子不要在同龄人中间显得太另类，这样其他男孩才会接纳他们。这种愿望是正常的。但是，如果因为其他妈妈让她们的儿子参加了两三门课外活动，约翰尼就得报名同时参加那些课程，这就不正常了。其中的问题在于，安排两三种活动会让某些孩子承受过多的压力。你的儿子不需要远离你参加更多的活动，他只需要你更多地陪伴他。猜猜看，比起让儿子马不停蹄地参加完这个比赛后再去参加那个演奏会，陪着儿子在家里读书是不是会让你俩都觉得轻松得多呢?而且,这些活动会减少儿子与父母相处的时间,而我们知道,如果儿子和父母关系良好,他的人生会美好得多。不幸的是,我们仍然会为他们报名参加各种活动。

美国是世界上最富裕的国家,但在过去五年中,抗抑郁药和抗焦虑药的用量急剧增加了。为什么呢?因为父母感受到了重重压力——工作与家庭的需要,以及与别人攀比的压力。产生这些压力的重要原因就是,我们想要按时上班并赚到足够的钱来给儿子买鞋子、支付学费和各种培训费,因为其他男孩都拥有这些东西。但你不需要与别人攀比。你只需要衣食无忧,养育出身心健康的孩子即可。与其更辛苦地赚钱让孩子参加更多的活动,不如和家人带着孩子去散步呢。

同龄人的压力会迫使母亲想要为儿子竭尽所能,让他健康幸福地长大成人。但是,许多时候——事实上是大多数时候——在压力重重的家庭中,儿子是不可能感到幸福的。而这些压力的产生,是因为他的母亲觉得自己有义务做个好妈妈,或至少要比她周围的许多朋友做得更加称职。

当卡洛琳带着6个月大的双胞胎儿子来到我的办公室时,我知道,这次会面会花很长时间,因为她的妈妈跟在他们后面。我进入诊断室,去看她的双胞胎儿子卡罗布和康诺。他俩当时坐在诊断室地板中央的地毯上。卡洛琳显得很累,耷拉着肩膀。当她探身向卡罗布说"等会儿见"时,我注意到,她的双肩有些佝偻。她显然为这次见面打扮得非常精心并化过浓妆,似乎想要掩饰自己的倦意。她在眉毛上抹了遮瑕膏,并涂了淡红色的唇膏。在聊天的时候,我发现只有她的右唇在动,左眼皮和左唇都耷拉着。她的声音显得有些沙哑。她清了清嗓子,试图掩饰。她想向我和她的母亲表明,她状况非常好。但是,我认出了这些症状,知道她患上了面瘫。

当我向她了解男孩的发育、饮食习惯和睡眠状况等相关问题时,她的回答非常鼓舞人心,但也非常简短。当我开始将两个孩子抱到诊断桌上时,她立刻站起来帮忙。在我给卡罗布做检查时,她边和康诺玩耍边安慰他的兄弟;而在我转身给康诺做检查时,她立刻又将注意力集中到了两个

第 7 章
母亲的作用

孩子身上。

她的母亲耐心地坐在她背后的塑料椅子上。但是，从我进入房间的那刻起，我就感到她很想说话。意识到这次会面很快就要结束了，卡洛琳的母亲突然脱口而出："米克医生，我非常担心卡洛琳。"

"妈妈，别说了，别再说了。"卡洛琳打断了她妈妈的话。

"不，不，这很重要。我觉得我们需要听听她的意见。"她的母亲固执地说。卡洛琳于是不再作声。

"你在担心什么呢？"我看着她的妈妈问道。

"米克医生，我很担心卡洛琳的健康。你也许发现她已经患上了面瘫。医生给她开了激素类药物要她服用，她为此常常哭泣。医生也说她非常抑郁，因此也给她开了相关药物。几个月以前，她开始服用这些药物，但我很难说这些药物有没有效，因为她始终都疲惫不堪。你瞧，她几乎睡不成觉。每隔几个小时，就会有个孩子醒来，想要吃奶。由于她坚持亲自喂养他们，不愿意让我代劳，所以我帮不上任何忙。她也不愿背对背地喂养他们。只要他们想吃奶，她就会喂他们。"卡洛琳的母亲停顿了很长时间，以便让卡洛琳插话。

"妈妈，你完全不了解情况。"她说，"时代不同了。母乳最适合喂养孩子，他们需要母乳——我读过的关于哺乳的所有文章都说，孩子想吃奶就应该让他们吃。你以前不是那样喂养我的。"

卡洛琳努力坚持自己是对的，但在她的话语背后，我能够感受到，她想要确信这点。

"稍等，"我说，"我先理理头绪，卡洛琳。你在孩子想吃奶的时候就会给他们喂奶。因为半边脸无法动弹，所以你在服用激素类药物。此外你也患上了抑郁症，并且每天都在吃药。"

"是的。"她表示认可。

"我能够感受到，你觉得困惑、疲倦和愧疚。每个正常的妈妈处于这种状况时都会有这些感受。"我等着她的反应。

"是的。"她不情愿地点了点头。

"你觉得你的儿子们是需要一个开心的妈妈,还是需要吃更多的母乳呢?"我问。

她对这个问题显得很吃惊。"当然是母乳。它有利于孩子的免疫系统,防止感染,母乳中也有其他食品中不存在的抗体。而且,它会让我和孩子之间的感情变得更加亲密。我看到有文章说,婴儿觉得母乳能够满足他们的情感需求。我怎么能够不喂他们母乳呢?"

就像所有热心慈爱的母亲一样,卡洛琳在互联网上搜集哺乳信息,并找到了大量内容。她读过的大部分文章都是对的,但也有少数是错的。但更重要的是,她完全失去了平衡。本能告诉她,她需要更多的睡眠,药物(它们会进入乳汁中)不利于婴儿的成长。如果不再喂养母乳,他们四个人(她很少考虑到丈夫的看法)都能变得更健康,更幸福。

那么,她为何不这样做呢?因为同龄人的压力。由于朋友、医生和育儿书籍的影响,大多数母亲都觉得自己应该尽可能长久地喂养母乳。我当然赞成这个看法,但我也鼓励妈妈更多地听从母性本能和常识。

在经过长久的谈话以后,我尽力说服她相信,男孩更需要一个睡眠充足的妈妈,而不是母乳。我鼓励她给孩子断奶,开始让他们吃配方奶粉,并让别人帮助她(但愿在给孩子喂奶时,他们的父亲也能尽量帮点忙),以便让自己有更多的睡眠时间。

她摇了摇头。我向她解释了产后抑郁症的严重性,以及后叶催产素增加——它与哺乳有关——对抑郁症的影响。我也谈到了她的抑郁症对男孩的潜在影响。

她仍然坚持己见。尽管没有说话,但她的神情告诉我,她乐意为孩子牺牲任何东西,包括她的健康(但最终却会是她的家人的健康和幸福)。她不会考虑放弃母乳喂养。母亲都彼此攀比,我觉得卡洛琳在某种程度上想要成为超级奶妈。她的朋友们只哺育一个孩子,但她能哺育两个。她的母亲请求我说服卡洛琳不要犯傻。

第 7 章
母亲的作用

在意识到自己毫无进展以后，我说："好吧，我告诉你，如果他们是我的儿子，我不会让他们的身体这么长久地摄取激素或抗抑郁药物。"她盯着我，紧闭着嘴唇，然后放松下来。她挺直了肩膀，看着她的母亲。

"好吧，我会让他们少吃药。"她说。

有时候母亲会失去理智，莽撞行事。我们希望儿子心理健康，身体强壮，正常发育（我们甚至常常希望他们能够超常发育）。但在这个过程中，我们会将常识置之度外。我们常常错误地认为，别人比我们更懂得如何养育孩子。因此，我们会仿效同龄人的做法。我甚至觉得，青少年男孩的父母尤其可能会犯这种错误。

事实上，与其将自己与其他妈妈作比较，不如听从母亲的直觉。母亲需要仔细地审视自己做每件事的原因。她的儿子为什么会这样做？如果她坦然承认，她的动机来自于同龄人的压力——想要让儿子在人群中脱颖而出，她就必须抵制这种压力。儿子在家中承受的压力越小越好，这远比同龄孩子的行为更能影响他在学校中的行为。

我们都需要认识到，尽管母亲希望为儿子提供更多东西，但事实上，儿子并不需要那么多东西，不需要那么多玩具和衣服。他们需要在父母身边待更多时间，少做点按部就班的事情。他们也需要更多地感到无聊——是的，无聊——这样他们就能发挥想象力和创造力去安排自己的活动。年轻人需要少花些时间看电子屏幕，多花些时间和人交往。少看电视，少玩电子游戏，少买衣服，少玩手机，少参加体育比赛，少参加学龄前培训课程……这会减少母亲的压力，也会让男孩有更多时间去了解自己，认清自己的理想。

而在当今的世界上，由于妈妈（和爸爸）受到了邻居们的影响，所有这些东西——层出不穷的电子产品、衣服、体育运动——都进入了男孩的生活，让他们深受影响，不能如实地认识人生和世界。

脱离不健康的母爱模式

当母亲有了儿子以后，儿子会触发母亲对自身童年时代的许多感受。当她将幼小的儿子裹在襁褓中并抱在胸前的时候，他会成为她感情爆发的催化剂，而这些感情也许在此前被压抑了许多年。这不是他的过错，它是父母正常的反应，通常也是健康的。

通常这些感受是温暖的、愉悦的，会重新唤起信任、柔情和安慰。有时候它们却是痛苦的，会唤起被遗弃感、恐惧感和迷惘感。很多母亲体验过各种充满恐惧和迷惘的情绪。

布鲁诺·贝特莱姆断言，如果母亲的童年生活不开心，她会冷眼旁观儿子的幸福，无动于衷。他的幸福会让她感到不安，因此，为了避免被他的幸福感染，她会对他冷淡而疏远。这非常类似于悲伤者会对朋友的兴高采烈感到不满。

母亲通过儿子重新体验到自己的童年时光。她们会体验到信任、自由、柔情和安慰。但是，儿子也能触发许多母亲的深层痛苦。受过男人（尤其是丈夫）性虐待的母亲非常难于和自己的儿子相处。毫不足怪，儿子的出生会触动母亲回忆起不堪回首的受虐史，并带来恐惧和焦虑感。

如果母亲与她自己的父亲相处得很好（并与孩子的父亲相处得很好），这些感受就是健康的。但是，如果她和自己父亲的关系很僵，或者如果她是个离异或单身妈妈，如果她不能察觉自己的情绪变化，那么就会将自身经历中那些不好的情绪传递给她的儿子。这可能会让母子关系变得极为复杂。

母亲对儿子的感受可能是极其复杂的，充满了她对其他男人或其他孩子的矛盾感受。但母亲应该让自己对儿子的感受尽可能始终保持真诚而透明。她应该对儿子充满柔情，不应该将她对儿子的柔情与对其他人的感受混淆起来。她应该爱他这个男性，这种爱应该和她对其他男人的爱区分开来。如果她对儿子感到失望，那也应该仅仅源于他的行为，而不是源于其

第 7 章
母亲的作用

他男人过去对她所做的事情。

根据我的经验来看，如果母亲在感情上无法让母子关系摆脱她以前和其他男人交往的痛苦经历的影响，那么她对儿子的爱就会以四种方式体现出来。离异或单身妈妈尤其可能会这样做。这四种方式是：黏融、疏离、过度依赖、母爱缺失。

黏 融

如果母亲无法判断她应该在何处放手，让儿子开始独立生活，那么母子关系就会出现黏融的情况。她感受到儿子的感受，儿子也常常感受到她的感受。由于她觉得自己在过他的生活，就会不由自主地料理他的人生。如果他受伤，那就是她受伤；如果他感到焦虑，那就是她的焦虑。如果她无法将自己的情感与儿子的剥离开来，她就会因为他的烦恼而烦恼，为他竭尽所能，帮他消除这些烦恼。那些感到人生毫无意义的母亲往往容易陷入这种黏融模式，因为她们必须执着于某个人，从而让自己的人生获得意义。儿子及其感受、需要与欲望，与她是无法分割开来的，这样她就能够在更深层次上获得满足。

但问题在于，满足从来不会来临。他无法给予她足够的满足。她无法决定儿子的人生，也无法引导儿子的人生，让自己感到满意。因此，儿子就会长期地让她失望。就儿子来说，他能感受到母子之间的感情纠葛，这自然会让他感到不安。在《梦幻巴士》(*the Great Divorce*)的故事中，伊利沙的母亲被迫离开了儿子。她始终缠住儿子不放，当分别的时刻到来，她痛苦地尖叫起来。当他奋力挣脱她时，读者能感受到肉体的撕裂声。她的手指紧紧抓着儿子的后背，她觉得自己仿佛被撕成了两半。如果母亲感到空虚或缺乏安全感，或者渴望填补人生中的巨大空白，那么她们就必须非常小心母子关系会嬗变为这种黏融模式。空虚可以被填补，渴望也能得到满足，但千万不要通过儿子来获得。

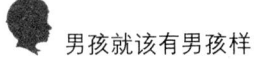
男孩就该有男孩样

疏 离

疏离与黏融恰恰相反,但通常是由相同的原因导致的:离婚、单身母亲,或曾经受到过性虐待。在这种情况下,母亲会仅仅由于儿子是个男性就与他疏远。她或许会将孩子气的正常恶作剧视为恶意行为。当儿子需要她的爱时,她或许会将孩子推开,让他不要成为"懦夫"。当男孩长到十几岁时,她或许会不停地斥责他的行为,因为这些行为让她想起前夫,或不尽职的孩子父亲。

母亲还可以采取更微妙的方式来伤害儿子。她可以更多地关注其他女人(如朋友、女儿、母亲),轻易地拒绝儿子的要求。她可能会向女儿表达她的爱,但很少向儿子表达爱。她可能会冷嘲热讽,取笑儿子父亲的缺点,并取笑儿子本人的缺点。当儿子意识到因为自己是个男性而受到排斥以后,他就会远离母亲,而他的母亲也会因此更加疏远他。

被男人们伤害过的母亲需要平心静气地对待自己以前的经历,承认她的儿子是个独立的个体,并不代表那些伤害过她的男人。

离异过的母亲——尤其是那些在婚姻中受到极大伤害的母亲——需要非常小心这种疏离模式。当父母之间出现不和时,母亲往往会无意识地拿儿子出气。在父母离婚以后,太多的儿子最终都不得不承受家长的激烈言行。在谈到离婚时,还有件事务必加以小心。离婚以后,儿子通常会过度保护他们的母亲。长子或许会觉得自己必须成为"家中的男人"。这种男孩无疑怀着良好的初衷,但他仍然是个孩子,还没有发育成熟,不应该要求他担起这样的心理和感情负担。

离婚是个悲剧,会极大地伤害男孩,也会伤害父亲和母亲。许多行为正常的男孩会在父母离婚以后突然表现出与其年龄不相称的行为。对任何孩子来说,他能获得的最好礼物就是家中父母健全,彼此和睦,充满关爱。如果你有那件礼物,请好好珍惜它。

第 7 章
母亲的作用

过度依赖

感情融洽的母子，迥然不同于感情上非常依赖母亲的母子。在后面这种情况下，男孩会过度依赖自己的母亲，是"妈妈的男孩儿"。不幸的是，许多女人都误以为这是母子感情的正常状态。然而，过度依赖与健康的母子关系之间存在着很大的差别。

大多数男婴都会依恋母亲。当然，在婴儿阶段，他通常希望黏着她，这是真正意义上的黏。在蹒跚学步时，他偶尔会离开母亲，但很快就会回到她的身旁。上小学时，他会模仿蹒跚学步时的这种做法，但他与母亲的心理距离增加了，他离开母亲身旁的时间也变长了，但他还是会回到她安全的怀抱之中。成长中的男孩会珍惜越来越多的独立。

当母亲始终觉得儿子需要妈妈时，儿子就会出现过度依赖的情况。她必须给他穿衣喂饭，开车送他，帮助他完成家庭作业……总之，通过各种方式来帮助他，没有人能够取代她的位置。这尤其不利于男孩的成长，因为这等于在告诉他，在满足他的需求时，父亲是无足轻重的。这对父亲来说尤为痛苦。母亲必须帮助他完成家庭作业，因为只有她才能教他。男孩学到的功课就是，他无法独自取得成功。当然，母亲传递的大多数信息都非常微妙，男孩识别不出来，但他知道这让人感到很不安。

如果父母之间的关系很糟糕，如果母亲的婚姻曾经非常不幸，她们就极有可能会这样做。但警醒就是防范。由于觉得受到了男人的伤害，她们的自尊心急剧下降，所以她们会在儿子的生活中扮演举足轻重的角色，打算借此弥补这种损失。当这种母亲觉得儿子（他是个男性）需要她时，他对她的需要——而且他只需要她——表明，她能够和睦地和男性相处。但不幸的是，过度依赖会阻碍男孩的感情发展。

母爱缺失

在 20 世纪下半叶，当妈妈们以新的热情进入职场时，许多人都受到指责，人们认为她们放弃了家庭。许多研究表明了托儿所对儿童的影响，以及母爱缺失对儿童心理发育的影响。

无论是在家中无偿养育孩子的女人，还是离家工作的女人，都感受到了来自四面八方的压力。留在家中照顾孩子的女人会感到无能，缺乏自信，并由于无法赚钱养家而感到焦虑不安；而在外上班的女人则会因为撇下孩子而感到愧疚和难过。在我所处的时代，女人们都怀着崭新的热情，决心进入金融、法律和医疗或男性主导的其他行业。我们都觉得生活中缺乏选择，自己不受尊重，并往往非常厌倦于打理家务和悉心照顾孩子。

许多研究报告和书籍都支持和鼓励母亲选择各种生活方式。然而，就养育子女而言，并没有积极的研究报告或建议。正是因为这个原因，我才宽泛地谈到了许多东西。我认为，如果我们这些母亲足够强大，能够诚实地对待自己，就能知道儿子的需要。在他们出生的那个时刻，我们就知道，他们需要与母亲或父亲形成坚固的感情纽带，以便确信他们会得到关爱，也值得我们去关爱。

许多人认为（甚至某些研究也表明），只要父母在男孩出生以后的1~2年之中始终都满足他的基本需求，那么他的心理就会成长得非常健康。当然，大多数妈妈都知道得更清楚。我们相信，我们的儿子需要与我们建立亲密的纽带，反之亦然。

在成长过程中，男孩始终需要与母亲建立感情的纽带。我们都知道，如果男孩在人生的头两年没有建立这种纽带，他们就会经历多年的情感障碍，并有可能永远无法正常地爱他人。如果妈妈（或长久担任妈妈角色的人）不在身旁或无法成为孩子的靠山，男孩就无法和他人建立情谊，也无法学会信任他人。

只要看看昔日苏联孤儿院中许多男孩的心理健康，我们就知道怎么回事了。美国家庭收养了其中的许多孤儿。许多年龄较大的男孩尤其体现出严重的感情障碍，他们的养父母都很紧张害怕；因为尽管许多孤儿表面上看起来很安静、听话、可爱，但他们的内心几乎是空虚的。许多人的感情都极度贫乏，他们经常感受到的情绪是愤怒和敌意。他们只习惯于各种负

第 7 章
母亲的作用

面情绪，原因则与他们在婴儿期的经历有关。

当我的患者安德鲁在乌克兰出生时，他的妈妈非常穷困，就将他送到了孤儿院。他有个童床，每天被喂好几次奶。孤儿院告诉他的奶奶，每周只能将他抱出童床一至两次。他2岁时才学会走路，而正常孩子通常都是1岁，因为他没有机会离开童床。

简而言之，他体验到了深深的被遗弃感。而我认为，被遗弃属于最痛苦的人生经历。安德鲁得不到爱抚、柔情、眼神交流、爱，只能获得维持生命的食物与能量。由于没有人理他，他在身体、心理和精神上都感受到了深深的空虚。我认为，即便在人生的最初几个月，儿童也能在某种程度上认识到自己的价值。如果他人满足了他的需求，他会觉得自己是宝贵的。否则，他基本上会认为自己是毫无价值的。

没有任何人细心地照顾安德鲁。他成了隐形人，即便对他本人来说或许也是如此。由于缺乏感情上的安全感，他不会大笑或微笑。在他长大以后，他无法展示或感受到任何柔情；因为在他幼小的时候，没有人给予过他这种柔情。他将自己隔绝起来，拒不接受别人给予的任何关爱（即便很可能从来就没有人给予过）。因为任何柔情或爱意都会让他想起，他曾经没有接受过任何关爱。

愤怒和敌意并没有让安德鲁觉得别扭，因为这些感受并不需要以安全感或价值感为前提条件。但它们确实让人具有了支配感或公平感，愤怒是释放忧伤、孤独或悲痛的安全途径。

安德鲁6岁以前的生活就是这样的，他将自己封闭在感情的玻璃缸里，没有妈妈和他进行身体与情感的交流。他在这个玻璃缸里面感到很安全。由于他这么小就封闭了自我，而这正是培养信任感的关键时期，所以他的养母并不知道，他能否走出这个玻璃缸。即便是当地最优秀的儿科医师也有同样的担忧。三年级时，安德鲁变得喜欢打架斗殴。他曾经痛殴其他男孩，打断了对方的腿。等到六年级时，他的养父母极其担心，他也许会在晚上睡觉的时候伤害他的兄弟姐妹，乃至他本人。

安德鲁的成长过程表明，无父无母的男孩可能会受到极其严重的伤害。但是，在我们身边，在学校、运动队、托儿所中，由于和母亲缺乏身体或情感的交流，许多男孩都存在情感障碍，无法在情感上健康地成长起来。

醉醺醺的母亲不能与儿子进行情感交流，醉心于工作和玩耍的母亲也不能，患有抑郁症、强迫症、多动症的母亲或承受太大压力的母亲同样常常无法和儿子进行身体和情感的交流。简而言之，许多人在人生的许多时刻都无法和儿子交流。

每一位母亲都必须审视自己的人生，审视自己在工作和育儿中所花费的精力，然后扪心自问，如何才能更好地陪伴儿子。这确实很不容易做到，因为每个妈妈在不同时期都要艰难地应对各种事情。但是，如果想养育出优秀的儿子，我们就需要审视自己的精力，因为男孩需要妈妈的时间、关注和爱。

许多成年男人无法信任女人都是大有原因的。他们从来都没有和母亲形成健康的感情纽带。如果在男孩的成长过程中，他的妈妈酗酒、醉心于工作或不在他身旁，他很快就会逃避女人。但是，这种伤害并不会因为他的逃避而中止。他的逃避是为了避免受到更多的侮辱。他会下意识地推断，由于自己不值得妈妈耗费时间，给予关爱，所以妈妈才不在他的身旁。如果连母亲都不珍爱他，那么其他女人就更没有爱他的义务，肯定更不会关爱他了。最终，这会伤害到他的自尊自爱，让他感到非常孤独。

妈妈在身体和情感上的付出绝不是无足轻重的事情。当妈妈选择远离儿子时，不管是出于何种原因，都会对儿子造成远超过她想象的影响。有时候，妈妈会情不自禁地疏远儿子。我之所以在这里要提醒妈妈，不是想唤起她们的负疚感——我本人也是个上班族妈妈——而是想表达下述事实：妈妈有义务获得儿子的爱与好感。作为母亲，我们的每个抉择对儿子所造成的影响之深远，是我们意识不到的。

听从母爱的直觉

妈妈的抉择、爱和信仰塑造了儿子的性格。母亲会极大地影响儿子的生活。认识到这点不应该吓到我们,而应该让我们深受鼓舞。为了成为更优秀的男子汉,男孩需要妈妈更多的帮助。如果母亲能够听从自己的母爱本能,审视自身的动机并竭尽全力,那她就是个好妈妈。男孩并不需要妈妈十全十美,他们只需要你能陪伴他们成长。

吉米·奥唐纳是个坏孩子。他 10 岁时,就单枪匹马震慑住了当地街区的每个年轻男孩。附近的女孩们都躲着他。只要看到他,每个人就知道,吉米·奥唐纳又要给自己带来麻烦了。甚至吉米的妈妈也怕他。她从来不肯承认这点,但吉米的老师、小学校长和当地街区的家长们都对此洞若观火。她躲避他,就像不负责任的养狗者。后来,她甚至将他赶出家门,让他流浪街头。

7 岁的迈克、鲍比、伊万也住在这条街上。只要吉米开着踏板车冲过来,他们要么就会惊慌地跑开,要么,如果他们在那天觉得特别自信并团结,就会站在院子里一起面对吉米的挑衅。

有一天,吉米犯下了天大的错误。他开着踏板车冲过来,开始恐吓他们。"迈克,鲍比!"他在踏板车上冲着两人喊道,"嗨,过来,你们这两个吃屎的混蛋。"两个男孩吓呆了,他们今天只有两个人,不是三个。两人不安地看着对方,知道他们必须迅速作出决定。他们应该逃走吗?或者他们应该抬起头来,正视吉米吗?如果他们这样做,他们那天就会在劫难逃。他们也许就是这样想的。

"你想怎么样?"迈克脱口而出。

鲍比惊呆了。他脸色大变,忽然感到很恼火:"怎么回事,迈克?你疯了吗?"

"我们快走吧。"鲍比脱口而出。

迈克将拳头深深攥入牛仔裤的裤兜中,逼视着吉米。"不,"他说,"你

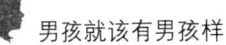
男孩就该有男孩样

吓不倒我，吉米·奥唐纳。"

吉米从踏板车上跳下来，将车扔在迈克刚刚修剪过的草坪上。吉米刚刚理过短发，迈克能够看见他的头发下面肉红色的头皮。人们都纷纷谣传吉米剃过了胡须，还有人说他在10岁时居然就长出了胡子。因此，当他走近迈克时，更加令人感到不寒而栗。

"你在说什么，混蛋？我刚才听见你说什么来着？"

"对，吉米，我是说了。"迈克扬起头来，挺直了瘦削的肩膀。迈克没穿衬衣，他瘦小的身材显得弱不禁风，仿佛轻易就能被打败。鲍比站在他的身旁，穿着薄棉布短袖衬衣，纽扣系得严严实实的。他仍旧愣在那里。

"我看不惯你欺负每个人。我和鲍比都看不惯。我们要摆平你，就是现在。"

听到这番话以后，吉米立刻向鲍比飞扑过来，就像老鹰追赶小鸡似的。鲍比挥动着瘦削的双臂，边跑边叫，吉米在身后肆无忌惮地追逐着他。

"住手，吉米！"迈克喊道，"为什么你不去追赶和你同样大的人？"吉米突然向迈克转过身来，嘴中呼呼地喘着粗气，头顶也渗出了密密的汗珠。"我要给你点颜色尝尝。过来，小混蛋！"吉米冲着迈克咆哮。

迈克跑出院子，跑进了隔壁的麦克纳利家中。吉米紧紧跟在他的身后。迈克想都没想，就跑到了麦克纳利院子中的枫树底下，噌噌地爬上树干。他的心怦怦地跳个不停，感到汗水正从后背上淌下来。迈克不断地向上爬啊爬，直到树枝承受不了他45磅的体重才停下来。他的心狂跳不止，气喘吁吁，这让他感到很羞愧。鲍比忽然也蹿到树下，并爬上来，来到迈克身旁。他们就像受到惊吓的小猫，坐在那里，吉米则在树下大声咆哮着。迈克循声向下看去，看见吉米紧紧地守在树旁。

他们并不知道，此刻迈克的妈妈正透过厨房的窗子向外张望。她的目光在院子里搜寻着男孩的踪影。她没有看到他们，于是打开后门，以便看得更加清楚。然后，她看见吉米站在麦克纳利家的大枫树前，抱着双臂，露出了得意的笑容。她观察了片刻，想要看看两个孩子的反应。她看见吉

第7章
母亲的作用

米仰起头来,冲着男孩们吼叫着,然后又转身大笑。

够了,她想。她砰地推开后门,快步走到树旁,她愤怒的目光死死地盯着吉米·奥唐纳的脸。玛丽个头不高,但毫无疑问比吉米要高大有力。而且,她此刻是个狂怒不已的母亲。

吉米并没有察觉她走过来。他完全沉浸在胜利者的喜悦之中。当她走到他的身旁,她抓住吉米的肩膀,将他扳过来。"你觉得你算老几,吉米·奥唐纳?你觉得你可以随意欺负年幼的孩子吗?我告诉你,以后想都别想,你再也吓不倒我的儿子和他的朋友了。"

说完这番坚定的话以后,玛丽扭住吉米的胳膊,将他的双臂在身后反剪成X型。"快下来,你们俩,"她冲着迈克和鲍比喊道,"我给你们找了个事儿做。"两个吓坏了的男孩滑下树干,看见吉米正在绝望地挣扎着,想要从愤怒的玛丽手中挣脱出来。他们着地以后,玛丽立刻带着他们快步离开枫树,进入自家的后院。

"孩子,"她开口了,"吉米再也不会骚扰你们了,因为如果他敢这么做,就先得过我这一关。我现在要把他抓起来。我希望你俩每人都教训教训他。"

迈克吃惊得张开了嘴巴:打吉米·奥唐纳?妈妈疯了吗?

"来吧,孩子,走上前来。打他一拳,迈克,你先动手。"她仍然坚持己见。于是迈克将他的小手握成拳头,挥动瘦小的双臂,打中了吉米的肚皮正中间。"再打一拳,用点力,迈克,然后由鲍比动手。"于是迈克再次伸出手臂,打中了吉米的肚皮。

随后鲍比也照着他的样子,打了吉米两拳。吉米没有哭。拳头打得很轻,他的肌肉也非常结实,但迈克仍然觉得,他看见吉米的眼角溢出了泪花。

在鲍比动过手以后,玛丽放开了吉米。他立刻从他们三人身旁跑走了,重新坐上踏板车。在他逃跑的时候,玛丽听见他说:"等着瞧,温特夫人,我爸爸会来找你算账的。"

从此以后，吉米就不再骚扰迈克和鲍比了，也不再骚扰街上的许多其他男孩了。

这件事发生在很多年以前，如果它发生在现在，人们很可能会指控温特夫人袭击和殴打他人。她不是个粗暴的女人，知道两个瘦小的男孩丝毫不会伤害到吉米。40年以前，妈妈似乎更了解年幼的男孩。不管男孩的年龄有多大，男性群体里始终都有长幼尊卑的秩序。在每个群体的外围，都会有个男孩准备伺机进入，尽力抓住机会欺负他人。他不想遵守这个群体的秩序，只想摧毁它，自己称王称霸。

玛丽洞察到了这点，并作出了反应。她无意拐弯抹角，直接发现了问题，并在行动中顺从了自己的母爱本能。她知道，必须和这个小霸王正面交锋，打击吉米的嚣张气焰是她的职责。

我当然不是鼓励妈妈跟踪年幼的儿子，让他们痛扁那些小霸王。但是，作为母亲，为了理解年轻男孩的行为，我们聆听了太多专家的意见，读了太多的书籍，思考了太多的问题，这反而让我们变得不知所措。只要听从你的本能，运用常识，并记住：不仅男孩应该有男孩的范儿，妈妈也应该有妈妈的范儿。杂志上发表过许多有关恃强凌弱行为的文章，老师们训斥过男孩的霸道行为，家长们也为此争吵过。但在美国，小霸王们仍然在操场上称王称霸。因为我们拒绝面对青少年男孩行为的真相，也没有对此采取任何措施。我们会在接下来的章节中审视小霸王的行为，以及男孩群体中的等级制度。因此，我们现在来审视下母亲在孩子受伤——无论是身体受伤，还是感情受伤——以后的反应，这会触动母亲强烈的怒气。当儿子而非女儿受伤时，这种愤怒会显得更强烈吗？会，也不会。

母亲对儿子的看法与对女儿的不同。她们本能地想要维护儿子的男性气质，这意味着她们认为，儿子应该身心都很强健。她绝不允许他成为最被人看不起的人。

Chapter 8
The Difference a Dad Makes

第 8 章
父亲的作用

当男孩受到父亲的祝福时,就会觉得自己受到了肯定,并能够勇敢无畏地生活下去。

第 8 章
父亲的作用

男孩的成长离不开男人。就像母亲应该顺从母爱的直觉,父亲应该倾听儿子。如果他们这样做,父子之间就可能会出现下面这种对话:

"嘿,杰克,回头见。我现在要去参加讲座了,学习如何做个更好的爸爸。"

"哦,那很简单,爸爸。只要和我多钉些钉子就行了。"

上完课以后,杰克的父亲回到家中说:"老师告诉我需要花更多时间来陪伴你。"

"我早就说过,爸爸,可你还是去了。"

如果男孩想要成长为健康的男子汉,他就得有个爸爸来给他带路。这是不是说,单身妈妈就不能养育儿子呢?不是。但毫无疑问的是,如果单身妈妈的儿子长成了强健的成人,他很可能在成长过程中与某个优秀的男人交往甚密。

现在我们来看看美国的父子关系:

◎ 67% 的儿童在 18 岁之前都和双亲共同生活,27% 的儿童生活在单亲家庭(通常是跟着妈妈);

◎ 67% 的青少年和生父共同生活,91% 的青少年和生母共同生活;

- ◎ 63% 的黑人儿童的生父都不在家中,在拉丁裔儿童和白人儿童中,这个比例分别为 35% 和 28%;
- ◎ 80% 的美国黑人儿童至少在相当长的童年时光中都没有父亲的陪伴。

许多人都知道这些数据。我们知道,男孩的生活非常缺乏父亲的影响。我们知道,私生子是个问题。我们也知道,离婚会严重伤害年幼男孩的生活,也会伤害父亲的生活。但我们没有面对这个问题。没有任何人研究过无父家庭对男孩的影响。

- ◎ 单亲家庭中的男孩在身体、情感和教育上受到忽略的可能性是正常男孩的两倍;
- ◎ 73% 的成人和 68% 的青少年认为,当家中没有父亲时,年轻人更可能打架斗殴或犯罪;
- ◎ 在单亲妈妈的家庭中,年长的男孩比正常家庭的同龄人更有可能犯罪;
- ◎ 单亲(通常是妈妈)家庭中长大的孩子更容易出现:行为问题、教育问题、过分活跃或退缩、较差的延迟满足能力、学校违纪、辍学、吸烟、酗酒、过早和频繁的性行为、吸毒、自杀、肆意破坏、暴力和犯罪行为。

这样的数据举不胜举,此处不再赘述。读到关于美国男孩的这些信息时,我们都会觉得难过,感到焦虑不安,担心这些男孩的未来。这么多的男孩都生活在这种环境中,这让我们的心不断下沉,既为他们孤单的人生感到难过,也担心我们的国家和我们后代子孙的生活。

随着无父家庭急剧增加,对我们的男孩和社会来说,生活出现了极大的变化。我们可以着手扭转上文刚刚谈到的这种趋势。家中双亲俱全的男孩不大可能在身体、情感和教育上受到忽略。他不大可能产生暴力犯罪行为,也不大可能在学校中打架斗殴。这样的男孩也不大可能出现行为问题、教育问题、过度活跃和退缩。他能够更好地培养自己的延迟满足能力,不大可能辍学、吸烟、酗酒、过早或频繁发生性行为、吸毒、自杀、肆意破坏、打架斗殴或犯下任何其他罪行。

我们可以将这种不幸的处境归咎于许多东西:性解放、女权主义、中性社会的理念、有害的媒体文化等。作为儿科医师,我只能说,科学清楚地表明,在双亲俱全的稳定家庭中,男孩会茁壮成长。母亲和父亲都是不可替代的,但他们之所以不可替代的原因各不相同。

在儿子的眼中,父亲是所有正确答案的来源。他知道接下来会发生什么事情。他比其他人更聪明、强壮、坚韧。父亲为人处世的方式塑造了男孩的世界。父亲就是权威,由于他们了解规则,所以他们也会制定规则。

父亲也是保护者,是儿子的希望所在。由于父亲能够消除各种困难,未来会变得更美好、更安全、更有趣。各种怪物会从床底落荒而逃。而如果父亲告诉儿子,自己当初也是个失败的足球队员,那么对于足球教练的严厉斥责,儿子就会感到好受得多。父亲还可以令人信服地告诉儿子,如果女朋友欺骗他,这样的女朋友绝对不适合他。

更广义地来说,儿子会观察父亲的言行,下意识地将父亲的每种品质融入自己的性格当中。这样,他也可以成长为男子汉。这种动力极其强烈,但它也会产生消极作用。如果男孩看到父亲每晚醉醺醺地回家,等到他们长大成人以后,和其他男孩相比,就更有可能酗酒。总之,不管好坏如何,有其父必有其子。

父亲能够得到的最大满足,就是儿子能够学习并具备他的品格。这可以和父亲给儿子取名相提并论。这样,父亲就能获得某种不朽,即便在他离世很久以后,他在某种程度上来说仍然还活着。

父子关系的奇妙之处就在于,双方都在不知不觉地朝某个相同的目标努力。父亲希望儿子能够汲取自己的优点,这样他就能变得"不朽";而儿子则希望他的个性中融入父亲的个性。这两种愿望都源于每个男人所固有的男性骄傲。

父亲的祝福

从几岁的小男孩直到死亡为止,每个男人都会反复想这个问题:我足够优秀吗?

这种渴望是广泛而持久的。他并不想知道自己是否在某些特定的事情上——体育运动、艺术或任何务实行为——表现得非常优秀,他甚至也不想认识自身的能力。这个问题要深刻得多。

对每个男孩来说,问题在于:在爸爸眼中,我足够优秀吗?儿子想要在父亲眼中变得足够优秀的愿望是非常复杂的,因为它没有简单的终点。问题不仅仅在于,他是否优秀得足够让父亲来喜欢他、爱他或认可他。可能包含有这些因素,但实质问题要更加深刻,连男孩自己(也包括男人)都无法解释。它无疑比父亲认可儿子的某种特定性格或行为要复杂得多。儿子真正需要的,是父亲认可他整个人的存在。

来自父亲的这种祝福是神秘的、无法量化的。但它是每个男孩都渴望的成人礼。这相当私人化,只有儿子知道何时才发生。它可以忽然不期而至,伴随着父亲的微笑或点头赞许,也可能非常隆重而庄严。但是,当男孩接收到父亲的祝福时,他会觉得自己受到了肯定,并觉得自己能够勇敢无畏地生活下去。

在《祝福》(*The blessing*)一书中,家庭顾问加里·斯莫利医生和约翰·特兰特医生谈到了父亲祝福儿子的重要性。作者回顾了正统犹太教家庭的传统——儿子会接受双亲赐予他们的祝福——并让读者得以了解,这种传统为何对儿童来说至关重要。在多年的咨询辅导工作中,他们得出结论,如果男孩没有接收到来自父亲的祝福,他们在未来往往更难和配偶等人建立深厚的感情。他们解释说,如果男人不曾深深感受到来自父亲的接纳、认可和爱,他们就会有缺憾,很难和其他人变得亲密无间。反之亦然。如果男人觉得自己的存在得到了肯定(得到了父亲的祝福),他就有信心忍受失业或其他逆境。他就能满怀热情,热爱自己的家人和朋友,也能顺应人生的各种变化，处之泰然。接受过父亲祝福的男孩知道这一点，没有受到祝福的男孩则会感到匮乏。

现在我们来看看男人们是怎么描述来自父亲的祝福的。他们会说："我知道，在父亲眼中，真实的我值得被爱。"或者"就在那个时刻，我毫无缘由地意识到，我已经别无所求。"或者"尽管父亲并不认可我做的每件事情，但他让我知道，他爱真实的我，并为我感到特别骄傲。在意识到它的瞬间，我有种飘飘欲仙的感觉。"

因此，对每个父亲来说，问题自然是：如何才能确保儿子得到你的祝福呢？

父亲必须勇敢地探究自己对儿子的真实想法和感受。他对儿子感到失望吗？如果是，那么儿子为什么让他失望呢？他对儿子满怀着自豪和柔情吗？他会持续不断地生儿子的气吗？对父亲来说，这属于最艰难的事情，但它同时也最能让他的人生获得自由。父亲不要害怕探究自己对儿子的真实感受。为什么呢？因为尽管父亲或许无法表达自己对儿子的深层感受，他的儿子却感受得到。

男孩非常迫切地想要了解父亲对他的感受，因此他会解读父亲的每个举动。他会留意父亲的情绪、肢体语言和腔调。每天他都会反复问自己：父亲觉得我怎么样？他对我的看法是怎样的？

儿子了不起的地方在于，我们无法哄骗他。如果父亲撒谎，儿子能够看出来。因此，父亲需要诚实地审视自己对儿子的看法，并设法调整自己，给予儿子真心的祝福。这个过程可能很艰难，也可能很轻松，但不管如何，它都是必不可少的。

我始终记得本在读八年级时和我的对话。在刚刚开学的时候，他的妈妈带着他来做年检。我刚刚走近诊断室，就感受到了令人紧张的沉默氛围。妈妈和儿子既没有读报，也没有说话。他们肩并肩坐着，但都缩着胳膊，避免碰到对方。

本的妈妈和我打过招呼，然后说："我不想绕圈子，浪费时间。本已经13岁,不小了。我只想请你帮帮忙,看你能不能给他讲讲道理。他整天都和我争吵。自从他的哥哥上了大学,家里就只有我和他两人,有时会比较无聊。他从来都不想待在家里,不肯做家务活。每次我问他原因,他要么就冲我大喊大叫,要么就进入自己的房间,关上房门。说实话,我们好几个月都没有正常交流过了。"

她说话的时候,我的眼睛时不时地在他俩脸上扫来扫去。她眼中含泪,非常害怕。但本从不抬头看她或看我,而是死死地盯着自己的鞋子。我能够感觉到,他也很难过不安。庆幸的是,我看到他满脸通红,眼中也满含泪水。我知道,他并没有因为愤怒而变得冷酷无情,他也想改变这种状况。

"那他的爸爸呢?"

"哦,米克医生,我们去年离婚了。本大部分时间都跟着我生活。他的爸爸经常在外面跑。但是,当他在家的时候,他希望本住在他那里,他的住处离我们只有5英里远。我觉得这对本来说并不公平。周末去他爸爸那里就行了。他在上学期间需要睡个好觉,而他的爸爸却会让他疯玩。"

当我和本单独交谈的时候,我让他讲讲他爸爸的故事。他立刻变得高兴起来。"我真的很想念他。家里没有他就变得死气沉沉的。妈妈说他喜欢到处跑,但他并不是这样的。他的确经常不在家,但那是没办法的事情,这是他的工作。只要他在家里,我就想待在他身旁。"本开始无声地哭起来。

"谈谈你最近和爸爸做的特殊事儿吧。"

"我说不上来,反正很开心。就是男人的玩法,就这样。"

"你和爸爸踢足球或打篮球吗?"

"没有。"

"你们这个暑假旅行过吗?"

"旅行过。"

"讲给我听听。"

第 8 章
父亲的作用

"我和爸爸每个暑假都会去野营。我们去了密歇根北部半岛,过得非常开心。"

我耐心地等着,后来他又继续说下去:"我觉得我们的旅行很特别。爸爸让我负责很多事情,这太棒了。"

"哪些事?"

"每个暑假,我们都会野营、钓鱼。我们喜欢钓鱼。爸爸会准备帐篷和各种器具,我则准备食物。不过饭由他来做。不管怎么说,当我们到达宿营地时,他说他希望由我独自来搭帐篷,他出去弄柴火。我感到有些害怕,但我还是照办了,尽管帐篷搭得不太好。"他的脸颊和鼻尖开始泛出红晕,我看到泪水夺眶而出。

"听起来非常好玩。"

"是的。头个晚上就下了暴雨。帐篷的帘子被吹走了,雨水开始淋到我们身上。我跑出去,发现我没把帐篷搭好,所以我们才会淋雨。我原本以为爸爸会非常生气,但他没有。雨继续落下来,爸爸只是叫我挪到能够避雨的地方。我们第二天去钓鱼。我们钓了不少鲑鱼,他问我想不想烧鱼。我不知道他为什么要我做这种事。也许他生病了,但我觉得并不是这样的。于是,我开始试着烧鱼,但我失手了,鱼掉到了火堆上。"

"你爸爸生气了吗?"

"没有,"他抽噎着回忆说,"他只是亲切地朝我笑笑,并没有嘲笑我。我觉得他当时非常开心。他告诉我,他没有心情烧鱼,于是我们在晚餐时就吃棉花糖和苏打饼干。接下来的时间,我继续犯了许多可笑的错误。等到旅行结束的时候,帐篷几乎都要被吹走了。"本的身体放松下来,泪水也慢慢止住了。"我真的非常想念爸爸,他了解我。妈妈只是不断地告诉我做这做那,让我非常难受。我有时候真受不了她。我想跟着爸爸生活。"

我从未见过本的父亲,但是,在听过他们暑假的旅行故事以后,我非常敬重他。本才 13 岁,但他的父亲希望他知道,他能够独自做些事情,

137

也许做得不好，但他能够从中学到东西。本的父亲采用这种方式告诉本，他正在长大，并得到了父亲的认可。他将祝福给予了本，本也接受了这种祝福。显然，父子俩的野营之旅让本对自己充满了信心。但他也让本在离开父亲时感到极其痛苦。

我私下里和本的妈妈谈话，告诉她，本需要更多地待在父亲身边。我提醒她意识到父亲对儿子的重要性，并提醒她首先考虑本的需要，而不是她自己的需要。

过了一年左右，我遇见了本的父亲。他个头矮小，也极其腼腆，完全出乎我的意料。我原本以为他仪表堂堂。但他在本的眼中却如此伟大，这让我对他油然生出敬意。我告诉他，本对我讲过他们暑假的野营之旅，我很钦佩他和儿子相处时的做法。他笑了笑。

"我非常爱这个孩子，米克医生。他是我的独生子。在我8岁时，我的爸爸离开了我的妈妈。从此以后，我就觉得自己的人生完了，什么都不对劲。我花了好多年时间，试图找个更好的工作，或做些特别的事情，想要让我的爸爸为我感到骄傲。只要他能注意到我就行。我竭尽全力，想要讨得他的欢心，但不幸的是，这始终都是徒劳。我不想让自己的儿子重蹈我的覆辙。他是个好孩子，米克医生，非常好的孩子。无论他做什么，我都希望他能知道，我对他感到很满意。"

祝福可以伪装成很多形式，也可以被反复给予。有些儿子10岁就获得了它，有些要等到25岁。但这种祝福必须来自男孩的父亲，是男人给予男孩的。在儿子的眼中，妈妈不能给予这种祝福，因为她天生就会爱他，但他必须努力赢得父亲的尊重。我也想告诉读者，如果男孩没有父亲，他可能会亲近继父、叔父或某个成年男性导师。父亲是最合适的人选，但如果男孩失去了父亲，那么任何成年男性都能代替他的这种角色。

斯莫利医生和特兰特医生说，良好的祝福具备五个要素，分别是：有意义的身体接触、言辞表达、赋予被祝福者极高价值、为被祝福者描述某种未来、展示实现这种祝福的积极承诺。

关于首个要素，很多父亲对拥抱儿子（尤其是如果儿子已经长到十几岁的话）的想法感到很别扭。事实上，在大多数其他国家，父子之间的肢体接触要比美国更加频繁。撇开习俗不谈，我觉得，肢体接触是表达认可的行为，会对人产生有益的影响。父亲不应该害怕拥抱他们的儿子，如果他们觉得这种做法有些过分，至少可以亲切地拍拍儿子的肩膀。至于言辞表达，令人匪夷所思的是，许多父亲觉得和女儿沟通要比和儿子沟通轻松得多，至少在谈论感情的时候。也许这是因为女儿说话更多，而且和女孩谈论感情问题并不让人觉得难为情。但我们必须意识到，男孩需要父亲将祝福用语言表达出来。父亲需要明确地告诉儿子，他非常珍惜他，认可他。

父亲经常以为，儿子知道父亲爱他。不要太想当然。父亲或许心中知道，他很珍爱自己的儿子。但孩子是自我中心的，他需要这种认可被明白无误地表达出来。如果他感受不到它，很快就会自责。事实上，许多男孩对自己怀着深深的鄙视之情，这种鄙视可能与体育运动、学业或实践能力有关；但由于男孩不会毫无遮拦地表达自己的感受，所以许多父母觉察不到这一点。而且，许多父亲会尽力"磨练"他们的儿子，尤其在儿子越来越大的时候，他们会诉诸冷嘲热讽、批评以及温和的贬斥。但是，尽管父亲可能认为自己说的话很温和，但他的判断是站在成人的角度，而不是孩子的角度，更不要说儿子本人希望讨得父亲的欢心了。比起其他人说的话，父亲的话语的分量要重得多。正是因为这个原因，父亲有必要告诉儿子，他非常珍惜他。

儿子会观察父亲，以便寻找希望。每个男孩都想知道，他的人生是有价值、有目标的，未来的人生会证明他的价值。父亲能够让孩子明白，什么样的未来是成功的，因为在男孩的人生中，他是最重要的成人。男孩想要确信，父亲认为他能够在未来取得成功，他应该努力争取奖学金，申请实习职位，或接受那份能够教给他宝贵经商技能的兼职工作。男孩需要知

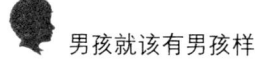

道,在他为未来努力拼搏时,父亲会竭力帮助他。儿子知道,如果父亲愿意做出这种努力,他肯定值得父亲这样做。他的未来和他的父亲有关。

即便对成年男人来说,这也不是无关紧要的事情。如果他没有获得父亲的祝福,他余下的人生就会缺乏某些积极的品质,不得不忍受痛苦和挫折感,并感到空虚无聊。

这意味着,祝福方式不妥也是个问题。对于男孩来说,初衷良好却缺乏智慧的做法,也可能成为很痛苦的经历。

数年以前,提姆来到我的办公室找我。他16岁,在学校表现很糟糕,他的父母很担心他"态度不够端正"。

我是看着提姆从小长大的,了解他的过去。提姆告诉我,他对任何事都失去了兴趣。我让他回想以前的爱好,他的双眼立刻焕发出了光芒。

"哦,"他说,"我小时候常常整天在外面玩耍。只要我感到无聊,爸爸就会和我玩这种游戏。如果我们去表兄妹家中,每个人都在谈话或看电视,爸爸就会看着我。他会向我使出'我们走吧'的眼色,这成了我俩的秘密。我会和他走到前院,寻找树枝或木棒来敲击石头。然后,我们会站在院子里,将石头打飞到街道上。我们会让石头横穿过整个院子,打中邻居家院子中的信箱或树木。"然后,提姆忽然不作声了。

我问:"你们现在还玩这个游戏吗?"

"不玩了。过了几年,爸爸告诉我,他希望我玩少年棒球。他说我打得很准,所以应该玩这个。我其实并不在乎自己打得准不准。但是,在他给我报名以后,他就成了我的教练。他告诉我如何抓住球杆,以便将棒球打得更远。这很快就变得不好玩了。我就像个标本,他不再跟我玩了。他只告诉我如何将球打得更好,并批评我和球队的其他人。"

"你们现在还玩棒球吗?"

"不玩了。我几年以前就不玩了。我知道爸爸很失望,但我就是不喜欢它。"

对男孩来说,提姆的经历极其常见,在他们成长到十几岁时,这种事情尤其经常发生。当父亲和他玩耍时,父子俩之间形成了某种特别的纽带。他们开心地做了非常有趣的事情。但是,当棒击石头变成更严肃的体育比赛时,父子之间曾经的欢乐和亲密感就变成了寡然无味的东西。他受到监督和批评。父亲的意图是良好的,他想让儿子在棒球比赛中表现得更加优秀,以此来促进他的自尊心。他认为提姆有成为棒球队员的资质,如果他能够帮他发展这种能力,提姆就会变得更自信。但是,从提姆的角度来看,感受到父亲陪伴的欢乐才是最重要的。他很爱父亲,只想让他陪伴在身旁。如果提姆和父亲继续悄悄避开旁人,用木棒来打发时间,我敢肯定地说,16岁的提姆会感受到父亲的祝福。这种祝福传递出来的信息是:我喜欢陪在你身边,我也完全接纳你。从玩少年棒球、父亲指导和批评儿子的那个时刻起,对提姆来说,乐趣就没有了,他再也感受不到自我价值了,也感受不到父亲对他本人的全然接纳了。

父亲必须非常谨慎。指导、批评或竞争是不能带来祝福的。祝福要简单而深刻得多。只有当父亲向儿子真诚地表达,他高兴地接纳了儿子本来的样子,祝福才会降临。

父亲的陪伴

父亲不仅仅是给予儿子祝福的权威人物,也需要成为慈爱的父亲。大量研究表明,慈父对孩子的幸福、健康和成功至关重要。缺乏父爱的孩子更有可能吸毒、抑郁,并出现许多其他问题。

幸运的是,大多数父亲都在更努力地爱儿子。父亲平均每天会花四小时左右陪伴孩子。和40年前相比,父亲陪伴孩子的时间增加了一个小时。

如果父亲表明他乐意陪伴孩子,这比任何其他东西都能更好地促进孩子的自尊。儿子需要放心地意识到,他对父亲来说是珍贵的,值得父亲的关注。如果男孩看到父亲为了陪伴自己而牺牲工作时间,或者放弃自己的爱好或娱乐,他就会知道,他并不是无足轻重的。如果父亲不珍爱儿子,

 男孩就该有男孩样

儿子就会觉得也无法珍爱自己。

某种程度上,男孩认为父亲有多爱自己,就会花多少时间来陪伴自己。而父爱会让男孩受益无穷。如果父亲在男孩的成长过程中更多地陪伴他们,男孩就会更富有同情心。如果父亲具有同情和爱,那么他的儿子也会如此。我们知道,当父亲花更多时间来陪伴儿子时,儿子的学习成绩就会上升。如果父亲坚强、慈爱,父子关系亲密,男孩就不太可能在学校受到欺负。如果父子感情始终非常亲密,男孩长大以后就会更加自尊,获得更好的教育,并在此后获得更好的工作。

全国父权行动协会(National Fatherhood Initiative)在《父亲真相》(Father Facts)这本书中,回顾了有关父亲对孩子造成影响的大量研究文献。他们发现,如果父亲花时间来陪伴儿子,男孩在成长过程中会更少地压抑自己,更少犯下过失,心理更健康,更不可能吸毒或过早发生性行为。

简而言之,父亲陪伴孩子的时间越多(假定这种父子关系不是虐待性的),孩子就越能感受到父亲的关爱,他的整体心理就可能越健康,也越可能在学业和社交中取得成功。

永不放弃对儿子的爱

在儿子年幼时,大多数父亲都乐意通过肢体接触来表达他的爱意,但是,等到儿子进入青春期以后,父亲往往会通过其他方式来表达爱意。

母亲常常希望父亲和儿子交流,了解他们的想法和愿望。然而,父亲知道,真正能够帮助男性建立情谊的方式就是共同做事,无论是工作、锻炼或者爱好。事实上,玩耍是父亲养育和教育儿子的重要方式。威廉·波拉克博士在《真正的男孩》(Real Boys)中写到,与父亲玩耍有助于儿子培养重要的情感驾驭能力。玩耍的过程中会产生许多情感:激动、竞争、愤怒、失望、幸福和成就感。通过和父亲玩耍,儿子能够学会如何驾驭这些感情。

第8章
父亲的作用

玩耍也能让儿子更加亲近父亲。体力游戏让父亲和儿子在互动中有机会进行友好的肢体接触而不必感到尴尬。摔跤会让他们觉得开心,因为尽管它是充满竞争性的体育运动,但父子之间的摔跤也能够表达爱意。

父母经常问我,养育儿子时最大的错误是什么。我敢肯定,父亲可能犯下的最大最严重的错误,就是放弃他的孩子。在男孩成长到十五六岁时,大多数父母都会觉得人生困难重重,令人精疲力竭:婚姻不和、工作压力、健康问题等。所有这些事耗尽了父亲的精力。许多男人都是在熬日子,度日如年。他们觉得自己没有精力做其他事了。通常,他们都会用电子产品将儿子打发走,但两个人其实都得不偿失。陪伴孩子需要在身体、心理和感情上花费更多精力,但它也能让孩子和家长的生活变得更加丰富。这种努力是值得的。儿子始终值得我们付出这种努力,即便他们才刚刚10来岁,即便他们在回答你的问题时总是简单地说个"嗯",脸上的表情显然将你当成了白痴。在十几岁时,男孩容易发脾气,而父亲则会过于主观地面对这些怒气。如果父子俩性格相似,在男孩成长过程中,父子关系可能会很紧张。他们可能会彼此较量,情绪失控。不幸的是,当关系变得越来越紧张时,很多父母都会放弃自己对儿子的支持和爱。

过去40年中出版了大量关于育儿、婚姻和交际的书籍,对良好人际关系的渴望被抬高到了高得离奇的地步。丈夫们希望婚姻幸福,希望妻子能满足他们的需要。妻子则希望丈夫有情有义,努力工作,同时又能和孩子相处得非常亲密。父亲希望父子关系和谐而深沉,迥然不同于其他的父子们。

尽管我们可以怀抱很高的期望,但所有健康的父子关系都需要面对失望,因为失望是不可避免的,但我们却常常不肯承认这个简单的道理。我们心想,既然我们对人际关系有这么多的研究、思考和关注,人际关系中的任何问题都肯定有解决办法。我们相信,爱可能具备神奇的力量,它会促进父子关系,让我们感到更开心。如果没有找到解决办法,我们就会追问问题出在哪里;如果无法纠正错误,我们就会放弃,不再浪费自己的感

情。但真实的生活并不是这样的。人际关系需要我们付出长久的努力,需要我们克服逆境。就父子关系而言,这需要父亲意识到,儿子需要父亲坚持不懈的爱,即便在儿子将父亲推开的时候(他这样做也许只是想看看父亲是否会重新回到他身边来)。

幸好,父亲有力量熬过这些痛苦的时光,能够不去指责孩子,也能够顽强地渡过难关。无论儿子的表现如何,他们都能坚定不移地爱孩子。要让男孩成长为男子汉,没有什么比学习父亲的人格更重要的了。

成为儿子的榜样

随着男孩的成长,他感到自己的身体变得越来越强壮,精力充沛,感情也更丰富,他开始萌生出了力量感。

玩耍是让男孩正视自身力量的极好方式。当男孩和父亲玩耍时,他能够毫无顾忌地使出吃奶的力气,因为他知道他不会伤害到父亲。威廉·波拉克写道:"父亲提供了灵活的平台,可以让儿子考验自身的力量。游戏空间充满了灵活但明确的限制条件,通过行动而非语言表达出了爱意和安全感。"

父亲要怎样才能给予儿子这种安全感和保护呢?这要靠他的力量:有时是他的体力,有时是他的情商。就像法律心理学家萧·约翰斯顿所说:"研究明确无疑地表明,最能够约束男孩的反社会攻击行为的人,就是他们的生父。"

有一个下午,杰西的父亲改变了他的人生。当时,17岁的杰西在和妈妈争吵,杰西变得越来越不满。妈妈要求他停止大喊大叫,她看到他愤怒得失去了控制。他的妈妈告诉我,杰西有些喜怒无常,如今他的性格越来越糟。因为他头天晚上无法入睡,因此非常疲倦。最近,他又和女友分手了,这也让他感到压力重重。杰西的妈妈是个坚定而自信的女人,她冷静地要求杰西离开房间,等他冷静下来以后,再继续"沟通"。几个星期

第 8 章
父亲的作用

以后，当她向我复述这件事时，她甚至都想不起来他们争吵的原因了，因为那完全是件鸡毛蒜皮的小事。然而，当她要杰西冷静下来时，杰西却骂道："你是个贱人。"

杰西的话刚刚出口，他的父亲就露面了。他从旁边客厅的沙发上立刻跑出来，向杰西沉下脸来。斯坦比杰西矮小得多，但他抓住 17 岁儿子的肩膀，将他按在冰箱上，猛力摇晃着他说："我绝不容许你再这样称呼我的妻子。"杰西不作声了，他吓坏了。尽管他有 6.25 英尺高，但父亲刚刚松开他，他就像个幼犬似的乖乖地溜进了自己的卧室。此后，杰西甚至都不敢向妈妈大声说话了。

男孩能够从他所敬重并体现出自律品质的男人身上学习自律。杰西的父亲没有吼他，也没有打他。他没有絮絮叨叨，反复表明他的态度，也没有失控。他亮出了自己的实力，并教导儿子克制自己，因为杰西无法自己做到这点。父亲对儿子有时必须硬碰硬，以便让男孩学会如何克制自己，约束自己的激情。学会控制情绪会让男孩获得安全感，而父亲无疑是教他们这样做的最佳人选。儿子会观察父亲是如何运用自己的力量的。他会观察父亲在发怒时是怎样克制自己的脾气的，被别人惹怒时又是怎样沟通的。他会观察父亲是如何花费金钱和精力的。他也会观察父亲对亲人是否忠诚。当他生病时，他会迫使自己去上班吗？当他和男孩的母亲争论时，他会始终很有耐心吗？当男孩看到自律对他的父亲和全家人都有好处时，他就会学到很重要的东西。

根据我的经历来看，成长过程中缺乏父亲陪伴的男孩会害怕死亡。他们会担心自己，担心自己的男性气质。强烈的情绪会让他们感到不安，并将他们推向歧途。他们害怕自己的感受太强烈或太迟钝，并对自己的体力感到不安，因为他们知道，这有可能让他们遇到麻烦。简而言之，他们的不安是因为没有父亲来疏导他们的男性气质，教他们懂得分寸，并为他们树立自制自律的榜样。当青少年男孩感到害怕时，如果没有父亲来鼓励他们，他们就可能对自己和身边人造成无形的伤害。

幸运的是，反之亦然。如果男孩在成长过程中有父亲的陪伴，他就不会担心自己。在父亲的爱中，他能够学会平衡和理智，受到父亲的接纳和认可。由于父亲在引导他，他就能学会成为更好的领导者；由于父亲帮助他养成了良好的品格，他就能够帮助别人；由于父亲向他示范应该如何运用自己的力量，如何自律，他因此学会了保护自己和他人；由于有个男子汉在养育他，他自己就会成长为男子汉。

Chapter 9
The Forgotten Step from Boyhood to Manhood

第 9 章
从男孩成长为男人

男子汉会为自己的幸福负责,会尽力改善自己和周围人的生活。

第9章
从男孩成长为男人

你遇见过忘记自己已经长大成人的55岁男人吗?肯定见过。我们都见过。这样的男人会喋喋不休地谈论大学的美好时光,他会说,那时他能够让身旁的人喝得酩酊大醉,而他自己却仍然站得稳稳的。或者,你遇见过那些无法忘掉大学时代的情人并经常抱怨妻子缺点的邻居吗?他会冲华纳青年联盟的足球队大嚷大叫(你11岁的儿子正好在那个球队),仿佛他们已经准备好了"超级碗"①杯比赛。或者,他会与19岁女儿的朋友们打情骂俏。

你肯定认识这样的人,因为你可能觉得自己有点像他。事实上,大多数男孩在成长过程中都没有受到良好的教养。谁教过你呢?谁又来教我们的男孩呢?

大多数男人在回想自己的成长时光时,都会想起另外某个男人——他们的父亲、老师、祖父、教练,他对成年生活的展望就源于这个人。在这些长辈中,有些人会挑战、敦促他们,或在擦肩而过时提醒他们留心。但可以确定无疑的是:男孩在告别童年时光时,心中必须知道未来是什么样子的,知道自己可以安心地告别童年时光,并知道如何才能成长为男子汉。

---

① 超级碗(Super Bowl)杯比赛,国家美式足球联盟(也称为国家橄榄球联盟,NFL)的年度冠军赛,胜者被称为"世界冠军"。——译者注

 男孩就该有男孩样

引导男孩走向成熟

男孩行事比较冲动。他们容易失去理智，大喊大叫。当他们受到惊吓时，他们会拼命挣扎，然后逃走。当他们感到伤心或情感受伤时，他们会躲在角落里生闷气。

成熟的男人不会（或不应该）这样做。如果男人能够承认各种强烈的情绪，并在此后（如果的确需要的话）作出深思熟虑的决定，他就真正成熟了。有时候，他非常想要回骂对方，但他不会这样做，因为他学会了自律，懂得如何将自己的情绪和行为区别开来。

男孩不会自然而然地学会这种技能，必须要有人来教导他们。如果他觉得自己是对的而别人是错的，他很难不去和别人争辩。尽管他明明知道女友会对他产生不良影响，他也很难不去追求她。在十几岁时，激素和社交生活的变化让男孩很难将情绪和行为分离开来。正是出于这个原因，每个男孩都需要有个成熟的年长者来帮助他。

不幸的是，许多男孩从没接受过这种指导。他们要么没有成熟的父母和导师，要么父母或导师本身就教导不当。即便最睿智、最慈爱的父母有时候也会由于粗心大意，忘了教导男孩将自己的感受和行为分别开来。他们会纵容儿子，满足他那些原始的欲望。但是，这种让儿子开心的做法只会妨碍他成长为男子汉。

男孩十几岁时，这种事会频繁发生。我们会关注男孩的需要：车、新的滑雪板、春游、他和好朋友的派对、退学、找工作……这个单子可以继续列下去，我们会迁就他，相信这样做会让他生活得更幸福。虽然我们在理智上明白事理，但我们仍然会这样做，这是不应该的。我知道，这些话说来容易做来难，但我仍然有必要重复。就物质而言，男孩不需要太多的东西；恰恰相反，他们拥有的已经够多了。就寻欢作乐的欲望而言，我们应该更少地放纵他们，而不是相反。真正对他们多多益善的是，父母乐意花更多时间来陪伴他们，向他们表明成熟和自律的价值。

自我反省

儿童的自我中心主义是一柄双刃剑。它会让男孩在父母离婚时自责，也会让男孩在遇到问题时责备他人。多少人听过"这都要怪你"的口头禅。或者一个四年级学生为自己得"D"而责备老师，因为老师将考试题目出得太难。或者，当裁判老是亮出黄牌时，年轻的足球队员会抱怨裁判什么都不懂。

男孩不成熟的标志就是，在确实有过错时不能自省。但是，如果你的孩子有这个毛病，不要泄气。这未必就是性格的缺陷，它更可能是成长中的问题，尽管他需要克服这个问题。在他的前青春期和青春期，他只会关注自己，因为此时的他本来就是这样的。这对十几岁的男孩来说是正常的，但对男子汉来说却是不妥的，而你的儿子应该成长为男子汉。

许多家长在教育男孩时都会掉进陷阱里。我们信任他，觉得只要给他换个教练，他就能在运动场上投入更多时间去锻炼。只要老师经验更丰富，他的成绩就能反映他真正的天分。我们附和儿子的看法，以为他的不幸和错误，以及他受到的伤害，应该归咎于其他人。我们觉得自己有义务解决这些问题，这样就能让儿子脱颖而出。

于是，我们解雇教练或者给儿子调换学校。当他们仍然很糟糕时，我们甚至会指责校长或训导其他权威人物。为男孩的不端行为辩护，成为后现代父母的常态。但这是个可怕的陷阱，会妨碍男孩成长为优秀的男子汉。

曾经有个高中摔跤教练联系我，让我帮忙解决争端。摔跤队的七个高年级男孩在晚上溜出校园，喝得酩酊大醉。有个学生（不是摔跤队员）将此事告诉了校长，校长又告诉了教练。教练让他们暂停比赛一个月，这完全是合理合法的，因为他们违背了摔跤队的口头协议：在训练期间，任何队员都不许抽烟或喝酒；如果违反规定，他们就不能参加摔跤队的活动。这个高中的规模很小，这些男孩是低年级学生的榜样。但是，紧张不安的教练对这些男孩非常随和，他只让他们禁赛一个月，而没有开除他们。因为他说，他们有实力参加州里的决赛；此外，总体而言，他们是好孩子，他很喜欢他们。

受到惩罚的男孩回家以后，将这件事告诉了父母。父母对教练很恼火。认为他影响了他们的职业，剥夺了他们参加州级比赛的绝无仅有——尽管只是在高中期间绝无仅有——的机会。数名男孩家长来找校长，不仅要求他让学生们参加摔跤比赛，而且要求他解雇教练。孩子们能说什么呢？在他们的父母参与进来之前，他们已经认识到，他们受到的惩罚是合理的。但在父母大光其火以后，他们却火上浇油。这就是父母助长儿子的不良行为的例子。

这种例子在美国并不罕见，它严重妨碍了男孩的情感发展。由于认知和情感能力还不成熟，青春期的男孩会本能地将自己的不良行为归咎于他人。由于许多男孩缺乏能力（或担心自己缺乏能力）去纠正严重的错误，他们就自然而然地拒不承认自己的责任。此外，他们的大脑还发育得不够成熟。有些时候，从"是你的错"转向"是我的错"需要具备若干的认知能力，但他们还不具备这种认知能力。而且，尽管有许多男孩确实具备了这些能力，他们也完全不想运用它们。

男性的大脑在十几岁时会经历充分的发育，非常善于吸收别人的指导，因此父母应该趁机指导他们。打个比方，父母有能力（或责任）来帮助青少年连接大脑内的线路，让他们变得成熟。如果没有人督促青少年这样做，他的大脑就永远不会充分地发育成健康的成人，就会永远保留不成熟的思维模式。因此，如果父母鲁莽地为男孩的不良行为辩解，就会严重地伤害他。那不仅让他觉得自己的欲望比规则更重要，而且会让他觉得，他不必为自己的行为负责。因此，这些男孩就可能在情感和心理上永远无法告别青春期，始终生活在沮丧和不满之中，始终会指责他人，且永远意识不到，他们其实可以支配自己的人生。

应该让你的儿子意识到，与其指责他人，不如为自己的不良行为负起责任。当他为自己的是非对错负起责任时，他的人生会更加幸福。不仅他的大脑能够学会换个角度思考问题，他的人生也会获得更大的自由。如果男孩始终认为，只要其他人更多地善待自己，他的生活就能更幸福更成功，这种想法是非常不幸的。如果不提醒或促使他摆脱这种幼稚的思维方式，他就永远无法享受生活，并具有男子汉的健康心智。

男子汉会为自己的幸福负责，能意识到自身和他人的缺陷。在自主抉择的过程中，他们会更少地依赖配偶、孩子、同事或老板。他们会敏锐地意识到，他们的幸福取决于自己。他们会从完全相反的角度来看待童年时代的问题。他们不会要求其他人来改善他们的人生；相反，他们会尽力改善自己和周围人的生活。

每个男孩都应该享受到男子汉的自由，而这需要你的帮助。在他十几岁时，你应该帮助他质问自己，而不是他人。不要歪曲他制造出来的困境，否则，他就永远只关注自己，缺乏责任感，而他的人生也就永远会停留在青春期的思维模式当中。

确立人生观

男人会在生活中遵守一系列严格的原则。每个男人的原则可能各不相同，但当每个男人在告别青春期时，他的信仰体系就会开始变得越来越明确。在他步入成年期不久，他的世界就变得明朗起来，他觉得自己必须服从某些原则而不是单纯的愿望，从而为当前和未来的人生作出抉择。或者他宁愿选择按照他的愿望而非信仰来生活。重要的是，他内心中开始自觉地选择了某种人生模式和生活准则。

男孩要做到这点并非易事。他们的信仰体系和道德原则是悬而未定、反复无常的，仍然非常容易受到外界的影响。从言谈举止到政治信仰，男孩在每件事情上都会受到父母、老师和教练的影响。父母可以帮助他们消除各种影响，但是，所有父母都应该为儿子的青春叛逆期作好准备。

许多青少年男孩在成长过程中，家人会要求他们去教会或会堂做礼

男孩就该有男孩样

拜。在成长到十几岁时，许多男孩会突然宣告说，他们不再做礼拜了，想要自己决定信仰什么。他们会庄重地宣称，他们不再需要神父、拉比、牧师乃至于父母的灵性指导了。他们会宣称说，他们可以自主思考问题。

但恰恰相反的是（尽管他没有意识到），在他的人生中，或许没有任何时期能够比他十几岁时更显著地表明，他并不能独立思考问题。他8岁时可以轻松地作出决定。然而，在17岁时，他却不知道如何思考问题了。他不知道谁是对的，谁是错的，也不知道信仰什么，不信什么。从表面上来看，十几岁男孩的行为自信而坚定。但在内心中，他也许遭受了严重的灾难。由于他不知道自己想要信仰什么，他可能会感到不安、迷惘而又愤怒。要不然，他就会信誓旦旦地让家长和同龄人放心。

这颗青春的心灵需要作出许多抉择。对它来说，这些抉择不再是无足轻重的。他想成为什么样的人呢？他会酷似父亲吗？这会让他显得他无法成为独立的个体吗？他会担心自己太像父亲，太没有个性了。他不再满足于聆听诚实如何重要的教导了。他想要看看，诚实是否真的对他有好处。他知道，有些人相信上帝的存在，还有些人则认为信仰者是傻瓜。他想要自己弄清楚，上帝是不是真实存在的。这能很好地帮助他在朋友们当中显得很有个性吗？他应该怎样看待酒精、毒品和性呢？他的父母不容许他接触这些东西，但他有些朋友就是这样生活的。

由于人生中的每件事情都变得更加重要，青春期男孩尤其热心于确立自己的信仰体系。他的各种情绪变得更加强烈，并和他的愿望发生了冲突。但在冲突中，他意识到自己需要决定怎么办，这不能由其他人来代劳。成年男人想要领导他人，而青春期男孩则想尽力弄清楚，他应该将自己带向何方。

男孩的道德推理是非黑即白的，在这个时候，父母的权威不会威胁到他的个性。但在十几岁时，他会想，如果他的道德规范和信仰并不是自己摸索出来的，他的男性气质就值得质疑。每个父母能够给予男孩的最好帮助，就是好好利用他在童年时的接受能力。将你的信仰教给他，并告诉他你为何会形成这种信仰。给他打下坚固的道德根基，然后帮助他付诸实践。这样，在他成长到青春期时，他就有个明确的框架来指导自己的言行。因为在他进入青春期时，他需要有个信仰来指点他。如果没有的话，他就会自己寻找。这可能未必是好事。

在他十几岁时，不要被他的问题吓坏了。这些问题与你无关，只与他有关。他只是在理清自己的思路，确定自己的道德框架，并检验他的（或你的）信仰体系。放手让他去做吧。如果你教给他的东西是对的、好的，它就应该经受得住他的检验。

要做个参谋。问问他的想法、爱好和愿望，然后让他发表看法。了解他对某个政治候选人的看法，或了解他对某个因为吸毒入狱的棒球运动员的认罪答辩的看法。向他提出涉及道德判断的问题。他或许觉得自己必须想出与你不同的答案。有时候，他会故意在回答时激怒你。此时，比起针锋相对的回复，默不作声能够更好地教导他。因为他真正想要知道的是，你是否尊重他，并认为他的意见值得加以考虑。如果他意识到你对他的尊重，他的信仰可能会逐渐——即便不会立刻——忠实地靠近你的信仰。

如果他的信仰代表你的信仰，这也许会令人感到满意。但更重要的是，他有个信仰体系来帮助他洞察自己的道德感。男孩、青少年和成年男人都需要有个道德框架来指导自己的行为，让他们不再优先考虑自己的利益（儿童是这样的），而是优先考虑其他人的利益（成熟的男子汉是这样的）。换句话来说，十几岁的孩子——此时父母非常担心他会遇到麻烦——需要知道如何去做善事，需要认识到善行必有善报。当他完成了这个跨越，这会极其宽慰人心。而对男孩的最终幸福来说，这个转变也至关重要。

男人在人生中所作的最重要的决定，不是选择上哪所大学，从事何种职业，或生活在哪个城市，而是挑选他的配偶。如果男人的婚姻很美满，人生就会美满。他可能会失去工作、孩子或家庭，但是如果他与配偶的感情非常牢固，他就可以从中汲取力量，去承受各种艰难困苦。反过来，如

男孩就该有男孩样

果婚姻磕磕绊绊、充满痛苦，他的人生就会很痛苦——工作无法满足他的感情空白，他的兴趣和爱好会逐渐减少，他也就更可能在人生的其他方面都放弃希望。让儿子为婚姻作好准备——如果他打算结婚的话——是我们能够给予他的最美好的礼物。即便他不想结婚，培养健全成人关系的技巧也仍然能够让他获益匪浅。

所有的男孩（包括十几岁的男孩）都会寻找榜样。他们会寻找什么人呢？男孩像女孩一样，会受到名人的影响。虽然他们会选择不同的名人，但影响却是相同的。流行文化告诉孩子，恋爱是热烈而短暂的。这不是为健全人生开出的好处方。但是，数百万计的青年人都开始将它视为常态。汤姆·克鲁斯离开了妮可·基德曼和眼泪汪汪的孩子，以便和某个刚刚认识的辣妹——他追求这个辣妹的故事路人皆知——谈恋爱。对好莱坞的精英们来说，妻子（更不要说孩子了）是可有可无的。男孩完全接受了这个观点。40多年来，他们都在从好莱坞或其他文化渠道接受这种观点的毒害。你本人可能就是个受害者，你的父亲或丈夫就接受了好莱坞的理念或经历了所谓的二度青春期的"中年危机"。

男孩会感情用事，但真正的男子汉不会这样。大多数人都不希望自己的儿子成为好莱坞大腕那样的"男人"。这些大腕们就像始终没有长大的男孩。他们在成长过程中从未接受过教育，无论他们的欲望或激情有多么短暂易逝，它们始终都没有受到约束。每个这样生活的男人都绝对不会成功，也永远不会找到平安或喜乐。相反，他会在人生中毁掉许多东西。

儿子目睹了这种被重新定义的人际关系的规则，对此我们必须予以纠正。不然他们就无法长大，他们的人生就会不断下坠，他们就会觉得自己很孤单，很不幸。教导男孩度过美好人生的最佳办法，就是让他有机会观察优秀的男子汉是怎么生活的。

亨利10岁时，他的外公被送进了私人疗养院。他说，他讨厌去那里看望外公，因为那会让他很难过。而且，养老院中的沉闷气息让他感到头疼。亨利的父母离异，他是家中的独子，在成长过程中与外公的感情尤为

第 9 章
从男孩成长为男人

亲密，因此他不想完全不理外公。但是，有时候他去看望外公是因为他觉得外公的身体可能会有好转，尽管这种念头在头脑中非常短暂。或许他们还可以像以前那样打扑克哩。这种希望让他觉得，忍受疗养院的那种沉闷气息是值得的。

有一次，亨利去看望外公时认识了老人比尔，后者的妻子也在这个疗养院中。她看上去有 100 多岁了，而比尔看上去只有 70 岁。亨利和比尔很快喜欢上了对方。比尔就像亨利祖父以前的样子：善良、安静、喜欢开玩笑。

亨利的妈妈说，在亨利和比尔交上朋友以后，他们每周去探望外公时，他不再磨磨蹭蹭的了。比尔并不住在那里，但亨利知道，每次他去那里，比尔都会带着妻子在走廊上散步，喂她吃饭，或在房间里读书给她听。亨利被比尔吸引住了。亨利对妈妈说，他的生活平淡无奇，他所做的事情就是照顾自己的妻子。比尔的妻子会冲比尔大喊大叫，甚至会打他，然后又会哭个不停。亨利因此感到很难过，甚至不免形之于色。比尔妻子的行为让亨利很不好受，他想要保护比尔，并断定自己可以帮助他。他问妈妈，他们是否可以邀请比尔来吃饭。他为这个男人感到难过。

有一天，亨利的妈妈无意中听到了亨利和比尔的谈话。她坐在自己的父亲身旁，喂他吃午饭。比尔也在喂妻子吃午饭，亨利坐在他的身旁。她系着围兜，很不开心，一点都不想吃饭。比尔连哄带求地劝她吃。亨利感到很难受。

"比尔，"他说，"你怎么能始终这么做呢？我是说，你甚至根本就没有帮到她。"亨利停住了，他意识到自己管得太多了。但是他很难过，他不想看到比尔浪费时间。

比尔看了看他，然后又转身面对着妻子。他的脸上含着笑意。

"抱歉，比尔，我感到很难过。你每周都在这样做，这太无聊了。你是怎么承受下来的？"

"听着，孩子，听我说。贝芙和我共同生活了 58 年，你甚至想象不

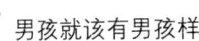

到这有多么漫长。眼前的日子当然不太好过，但以前并不是这样的。在这些年中，我们度过了许多美好的时光，真正美好的时光。"他又转身面对妻子，擦去了她脸上的鸡蛋沙拉。"亨利，永远不要忘记：我们曾经和别人共度过许多幸福的时光。这就是爱，孩子，这就是爱。"

亨利始终都没忘记比尔。最重要的是，当他那天离开疗养院时，他发生了变化。他的妈妈说，他和以前相比变了个样子。他笑得更多了，也更少和母亲争吵了，他有了希望。她说，他希望自己的人生不会重蹈他父亲和我的覆辙。比尔向亨利描述的人生景象中尽管充满了沮丧和悲伤，但也有着令人深深钦慕的爱。他看到这个男人作出了艰难的抉择，为了做正确的事情而不顾自己的利益。亨利看到，当男人这样做时，每个当事人都会获得回报。

勇往直前

从男孩成功转变为男子汉的最显著标志也许就是坚持不懈。男孩失去动力以后就想放弃；但男子汉失去动力以后，会停下来重新寻找动力，然后继续前进。男子汉最宝贵的品质就是不屈不挠，他知道，确定方向以后保持坚定不移的意志力是必不可少的。

然而，出于多种原因，男孩无法做到这样。

首先，他们缺乏长久地坚持某个目标的心理和感情素质。男孩容易厌倦，朝秦暮楚，他们忙于发现整个世界，因而难以专注于某个目标。

其次，男孩无法推迟满足其欲望。他其实无法想象，每周存 10 美元就可以让他的账户在十年中多出五千多美元的余额。他意识不到当前行为对未来的影响，这让他缺乏坚持不懈的动力。13 岁的男孩会觉得，只有今天（也许再加上明天）才是最重要的。他的大脑就是这样思考问题的，很难具有长远眼光（正是由于这个原因，父母需要确保他每周都存储 10 美元）。

第9章
从男孩成长为男人

坚持不懈需要有动力。只有在看见立竿见影的好处而且这些好处属于他们时,男孩才会有动力。因此,如果要培养男孩不屈不挠的禀性,父母就需要在男孩表现很好时立刻给予他们好处。随着男孩的成长,可以延迟男孩获得这种好处的时间。可以让10岁的男孩存一个月的钱去买棒球棍,这样在这一个月中,他就会干劲十足。而对于16岁的男孩,则可以让他在三四个月中始终满怀热情地节省积蓄,去买他觊觎已久的滑雪板。

坚持不懈也需要深切的信念。男孩喜欢并相信确定不疑的事物,但他们容易受到影响,他们的信仰和爱好不是固定不变的。知道自己信仰什么并知道自己为何信仰,也是成熟男人的标志。即便他人表示异议,他仍然能够按照自己的信仰行事。由于他的信仰坚如磐石,他能够始终锲而不舍地坚持下来。

拉迪亚德·吉卜林① 在其名诗《如果》中写道:

如果所有人都失去理智,咒骂你,
你仍能保持头脑清醒;
如果所有人都怀疑你,
你仍能坚信自己,让所有的怀疑动摇;
如果你要等待,不要因此厌烦,
为人所骗,不要因此骗人,
为人所恨,不要因此抱恨……

然后,吉卜林说,这样的男孩就是个真正的男子汉。

由于男孩的同龄人与他相差无几,所以他们无法教给他坚韧不拔的品质。然而你能。不管你是男人还是女人,作为父母,你都能教他了解、服从并坚持真理。让他完成某些小事并坚持到底。如果他开始学习为期六周

---

① 拉迪亚德·吉卜林(Rudyard Kipling,1865~1936)英国小说家、诗人,曾获1907年诺贝尔文学奖,著有《丛林故事》、《基姆》等书。

的大号课程却在第二周就讨厌大号,你要督促他完成这个课程。如果他邀请某个女孩参加正式舞会却又中途变卦,此时不能姑息他,必须让他带着那个女孩。如果他答应从事每周工作15小时的校外兼职却对老板感到非常生气,你可以敦促他必须回到工作岗位中去。

热心而诚实的家长常常纵容儿子放弃自己的承诺,以至于让他们无法长大成人。如果你的儿子在着手做某件事,却忽然心血来潮,觉得很讨厌它,那么让他至少等待2~4周,然后再决定是否放弃。而这个过程应该是深思熟虑的,不应该轻率放弃或随意结束任何事情。

如果人们早已离你而去,你仍能坚守阵地,奋力前驱;
自己已毫无所有,唯有意志在高喊"挺住"!

马修·本顿比他的所有朋友都更早地学会了锲而不舍。在他9岁时,他的父亲在与一种罕见的肺病做过长久抗争以后离开了人世。他的妈妈垮掉了。她很爱自己的丈夫。在他去世以后,她从不谈论他的死亡。马修说,因为她不肯相信这是真的。

在父亲去世前的一个清晨,马修吃完早餐以后准备去上学。他看着父母的卧室,打算和父亲道别。父亲正在穿衣服,准备再次去医院做检查。

"嗨,回头见,"他对马修说,"老时间、老地方。"

马修喜欢听这种熟悉的玩笑话,他和父亲会用暗语进行交流。他们用"老时间、老地方"这个暗语来表达,他们希望下次能共同做点不寻常的事情。当父亲说出这样的暗语时,整个世界都消失了。在那个瞬间,马修和父亲生活在只属于他俩的私人空间中。

在那个特别的清晨,马修冲出家门,搭上了校车。那时他才三年级,但他此后再也没有见到过父亲。等到他放学回家时,父亲的衣服还挂在衣橱里,没吃完的麦片粥碗还放在水槽中,他的鞋子还放在前厅,夹克还散发出木柴的味道,但是马修却再也找不到他了。

第 9 章
从男孩成长为男人

在父亲去世以后的几个月里,马修的妈妈几乎都不说话。她闷头大睡并开始抽烟。她从未生火做饭,因此马修自制了很多花生酱和果冻三明治。他的祖母来看望他们,一个晚上,他无意中听见祖母对母亲发火了。突然之间,他开始哭泣起来,他感到自己哭了整整一年。

快满 18 个月以后,马修的妈妈嫁给了一个她几乎不认识的男人。这个男人有个女儿,比马修大 3 岁。马修希望父女俩离开,这是他的家。每次走过父母的卧室时,他都不会向里面张望。在那个不幸的日子以后,他从未进过父母的卧室。父亲在那个房间里向他撒了个谎,他再也没有回到这个老地方。

在接下来的几年中,马修与外界隔绝开来,他在内心中为自己创造了一个新世界。他会在自己的房间中听音乐,或独自看电视,很少到外面和朋友们玩耍。他的继父偶尔也会邀请他去观看足球赛或电影,马修往往都会拒绝。每逢这时,继父就会指责他被惯坏了,不懂礼貌。马修对此并不放在心上。

在他上八年级时,马修加入了少年棒球队。他希望离家越远越好。他也喜爱与棒球有关的所有东西:制服、皮革手套的气味,甚至重击棒球以后双手的痛感。他说,最重要的是,由于布里恩也在那里,所以他喜欢这个少年棒球队。

布里恩是个 25 岁的驯兽师,刚刚来到这里协助马修的教练。马修觉得他说话很像自己的父亲。马修说,每当布里恩露面时,他就会觉得很开心,但他无法参透其中的原因。布里恩很快了解到,马修在得到他的关注后感到很高兴,因此更加关注马修。他会开车来家中接马修,带他去棒球练习场,和他练习打球。他们每周几乎都会共同做点事情,通常都涉及体育运动。

马修 17 岁时,开始自己开车去练习棒球。布里恩早已到了那里。在看到马修的那个瞬间,布里恩意识到,他出了问题。布里恩走过去,嗅到了他毛衣上散发出来的奇怪味道。这是毒品的味道。他凝视着马修,马修眼神迷离，笑容中流露出几分傻气。

等到练习结束以后，布里恩才开口说话。他带着马修来到车旁，两人坐在车中，似乎待了好几个小时。布里恩大发雷霆："马修你在做什么？你是怎么想的？你为什么要跟那些不三不四的人鬼混？你为什么要自毁前程？"马修开始抽泣起来。他回想起那天的事情时，意识到他让布里恩很失望，这让他很痛苦。这种痛苦是情理之中的。多年以来，布里恩填补了马修的大量感情空白，通过各种方式帮助过他。但现在，马修意识到，自己背叛了他。

车中发生的事情改变了马修。他长大了。多年以来，他都恨自己的母亲、继父乃至于这个家。他指责他们夺走了他的父亲，不想和他们有任何瓜葛。布里恩没有夺走马修的父亲，却代替了马修父亲的角色，成为他父亲的替身。他值得马修好好生活下去，马修知道这点。马修需要为自己的行为负责。他需要自律，珍惜自己的人生。

"那天，我在车中意识到，我是可以作出选择的。我可以指责每个人，我也可以自己负责。"他说，"布里恩让我意识到，我可以支配人生，我可以做到这点。"

布里恩将男子汉的自由给予了马修。这是男性导师可以给予男孩的礼物。所有失去父亲的男孩都需要有个男人——教练、老师、继父、叔父——来陪伴他们跨越从男孩到男子汉之间的深渊。这需要活力、坚韧，有时还需要极大的推力。女性提供的这种推力不如男性。男孩更加信任男人，因为男人们就是这样成长过来的。

我们对青春期男孩犯下的最大错误，就是不记得他们在告别青春期时都需要接受帮助。无数的男孩在成长，但很少有人成长为男子汉。任何男孩其实都不想终身停留在青春期的乏味世界中，但他需要别人引导他如何告别青春期。他心中最深切的渴望敦促着他长大成人，他不能对此无动于衷。他想要长大成人，但就是不知道应该怎么做。因此请帮助他。在他身边挑战他，发展他的智力，敦促他变得成熟，让他感到有点不适。就像所有其他的成长过程一样,这对你俩来说可能都很痛苦,但这会决定他的人生。

如果你是个教练,请帮助一两个运动员。如果你是个叔父,请重新融入你侄儿的生活之中。如果你是个单身父亲,请多和儿子接触。每个美国男孩都需要有个男子汉来帮助他成为男子汉。

每个孩子都需要心理营养

扫码免费听林文采博士的《心理营养》，20分钟获得该书精华内容。

Chapter 10
The God Factor

第 10 章
信仰的意义

所有的男孩都渴望找到真理。

第 10 章
信仰的意义

男孩需要上帝,所有的男孩都不例外。无论是 3 岁还是 23 岁,男孩人生中最欠缺的,不是教育,不是机会,甚至也不是稳定和谐的父子或母子关系,而是他们对于照管万物的上帝的信仰。

男孩,尤其是年幼的男孩,知道这一点。年幼的男孩远比年长的兄弟姊妹或父母更能接受不可见的全能上帝的观点。我在年幼的男性患者身上证实了这点,而杰出的精神病专家罗伯特·科勒斯也与我有着共鸣。他无数次见到年轻的患者向他描述上帝的特征。科勒斯是资深的精神病专家和哈佛医学院教授,其著作获得过普利策奖,他非常亲切地谈到了他和孩子围绕上帝展开的数百场会话。在《儿童的灵性生命》(*The Spiritual Life of Children*)中,他描述了这些对话。他的作品毫无劝人信主的意思,事实上,他并没有透露自己的宗教信仰,只是在谈论孩子说的话。我知道,他的叙述全部是真实的,因为我也从美国的男孩患者口中听过到同样的话和同样活泼的信仰。

与我谈论上帝的男孩做了件有趣的事情:他们向我描述上帝的情绪。

本章为作者个人对信仰的看法,并非出版者观点,但为读者更全面地了解本书的积极方面,故对此部分内容进行保留。——编者注

"我觉得,当我对妈妈更好时,上帝会很开心。"或者"我知道,当我撒谎时,上帝会感到非常失望。"当男孩描述上帝的外貌时,他们只谈论他的脸孔,从不谈论他的身体。他脸庞宽阔,有皱纹,长着胡须,很和善,但也有点严厉。他们说,他的脸孔其实不是最重要的,因为他其实不是人,而是灵;但他们需要知道他的表情,这样就能了解他对他们的看法。在我治疗男孩的几十年中,我们的讨论中经常会冒出这种话。

我发现,关注上帝的面孔是非常有趣的,也是鼓舞人心的。年幼的男孩想要知道,上帝是什么样子的,通过想象上帝的微笑或皱眉,想象上帝表达赞成或反对的神情,他们似乎更好地理解了上帝的性格。男孩天生就是坦诚的,有点实用主义倾向。如果上帝是真实的,那么他们就要知道上帝长什么样子。如果上帝是通情达理的,那么他们就会更亲近他。如果上帝脾气很坏,他们就会躲开他。最重要的是,男孩想要知道,上帝是否无论如何都会帮助他们。他会倾听他们吗?他当真知道他们在学校或卧室中做的事情吗?知道他们在电话中交流的内容吗?如果他们碰到了麻烦,上帝会帮助解决吗?他带着魔杖吗?当然没有。马特某天向我说,只有仙女才有魔杖。但是,马特向我保证,上帝能够非常迅速地化险为夷。

上帝对男孩来说是有意义的。男孩比较容易接受下述观点:上帝的存在是不可见的,上帝不具有确定的形体,上帝同时具备男性和女性的特征(像父亲那样威严,又像母亲那样慈爱);此外,他随时都能鉴察天下的万事万物。

男孩特别容易有这种想法,这是因为男孩会将内心世界的想法和感受与外界联系起来。换句话说,他们的外在行为反映了他们的内在感受。男孩相对无拘无束,没有社交顾虑,能够毫无顾忌地交流他们对神的天然信仰。等到他们进入小学高年级以后,才会开始迫使内在的自我进入"地下状态"。等到同班同学变得残酷无情、父母离婚或考试分数不及格的时候,男孩才学会将他们的内心世界珍藏在某个隐秘的地方。

因此,随着男孩的成长,他们越来越不会公开展现他们的想象力。例如，6岁的约翰尼喜欢在地下室中独自玩玩具火车，连续玩几个小时都不觉得无聊。一天，在他玩耍时，他的姐姐无意中听到他在和别人说话。当姐姐问他和谁在地下室玩耍时，他脸红了。他说没有别人。但是，他的姐姐知道，他在和他想象中的朋友说话。她无情地斥责他，这让他情绪低沉。他的"朋友"也就此离开了，或者说，他此后只在大脑里默默无声地与这个"朋友"进行对话。约翰尼的外在行为和他的内心世界隔离开了。

当男孩长大后听到成年人嘲讽他们的信仰或准信仰时，他们会为自己信仰上帝而感到更加不安。成人可能对男孩犯下的最大错误，就是毁掉他对上帝天真、坦诚而又非常真实的信仰。许多成人经常假装要男孩"自己决定"，从而扼杀了他的信仰。事实上，这恰恰剥夺了男孩作决定的机会。

信仰对男孩的积极影响

许多年幼男孩向我讲过他们对上帝的体验。我相信他们的话，因为其中的许多体验都有着共同的主题。它们始终是积极的、催人上进的，绝不会令人害怕或泄气。就我所知，这些男孩并没有和我的其他患者交流过这些体验。因此，每个男孩的想法都不太可能影响到其他人。

乔治10岁时患上了非常罕见的脑瘤。这不是恶性脑瘤，但它生长的部位却不宜动手术。可想而知，他的父母非常悲伤。他接受了化学疗法和放射性治疗。他的头发掉了，体重也轻了许多。但值得注意的是，我从未见过他情绪低落。经过18个月的治疗以后，肿瘤医师告诉乔治的家人，他觉得乔治无法恢复健康了。肿瘤不断长出小小的凸块，进入周围的大脑组织中。肿瘤医师说，在接下来的数月中，乔治极有可能进入昏迷状态。

乔治的妈妈变得沉默寡言，常常以泪洗面。乔治的父亲则尽其所能，他去上班，以免失去医疗保险。由于父亲要上班，母亲悲痛不堪，在最后的几个月中，乔治独自度过了许多时光。然而，我永远记得他向朋友和家人们谈到的经历。一个下午，他独自坐在客厅里，母亲那时正在打盹。房间里非常安静，他在玩着拼板游戏。他说，突然之间，他觉得上帝向他开口说话了。他没有看到任何人，也没有听见任何声音，但是他说，毫无疑问，他听见了内心的声音。他知道，说话的要么是上帝，要么是天使。乔治说，上帝告诉他不要担心。他不必担心死亡、父母或天堂。这就是上帝传递的全部信息，此外无他。

但这就够了。那个下午以后，乔治就变了个人。他开心而平静，夜晚也睡得很踏实。他每天都坚持不懈地安慰父母说，他和他们都会没事的。他的父母说，他们此前从未见过任何人对人生这样笃定从容。

几年前，乔治去世了，他的父母仍然对他的经历深信不疑。真理是不朽的，因此我相信乔治的经历是真实的。如果他只是在做梦或胡思乱想，或仅仅是幼稚的信仰，那就不可能像奇妙而坚定的信仰那样改变他的人生。而我之所以相信乔治的经历，不仅是因为他的力量和真诚，也是因为许多父母都向我描述过类似的经历：上帝说话了，并给了他们希望和深深的安慰。也许，由于孩子具有开放的胸怀，上帝常常会向他们说话。

现在我们来看看医学研究揭示的美国男孩当前的信仰状况。下述资料来自《青少年健康期刊》(The Journal of Adolescent Health)，被调查孩子的平均年龄为16岁。

◎ 89%的男孩自称信仰上帝。
◎ 77%的男孩说，宗教对他们的人生很重要。
◎ 80%的男孩说，上帝爱他们并照顾他们。
◎ 63%的男孩觉得他们与上帝之间存在着亲密而重要的接触。

因此，尽管与小学低年级相比，某些青少年的信仰或许削弱了，但对青春期男孩来说，对上帝的信仰仍然是普遍的真理。

许多医学研究都探索过信仰对男孩的感受、想法和行为的影响，审视这些医学研究结果会令人大为吃惊。这些研究具有明显的连贯性，表明信仰上帝会对男孩的整体健康产生巨大的影响。

为了让男孩健康成长，许多父母都会阅读各种书籍，寻求专业建议，并增加对于家中电子媒体的管控力度。父母真心愿望竭尽全力，以便让自己的儿子远离毒品、酒精或色情物品。他们希望儿子在生活中能够远离抑郁，也希望儿子在学业、艺术或体育方面取得成就。最后，父母希望儿子开心快乐。医学研究表明，实现它们的最好办法，就是让孩子信仰上帝。

现在我们来详细谈谈，上帝可以在哪些方面帮助男孩。

首先，如果父亲是虔诚的信徒，父子关系会更亲密，这会让儿子更健康、更开心。在《婚姻与家庭杂志》（*The Journal of Marriage and Family*）上，瓦莱丽·金说，信仰热忱的父亲不仅会花更多时间和精力来促进父子/父女感情，而且往往会对日后健全的父子/父女关系怀着更高的期望。如果母亲信仰上帝，母子关系会更加健康。而且，当儿子和妈妈经常共同参加宗教活动时，母子感情会得到大大的促进。

虔诚的男孩不太可能过早发生性行为，也不太可能在十几岁或长大成人后荒淫无度。具有宗教信仰的男孩不太可能吸烟、酗酒、逃学、吸大麻或患上抑郁症。此外，他们更可能具有强烈的自尊心。父母信仰宗教的男孩也不太可能参与犯罪活动。而且，宗教能够帮助出身贫寒的孩子克服童年贫穷对身体、心理和行为造成的不利影响。

普林斯顿大学和宾夕法尼亚大学的研究人员审视了宗教影响儿童人生的权威文献。他们自己也做了研究，大量证据表明，宗教能够对儿童的身体和情感健康产生积极的影响，"基于这些研究成果，我们可以说，如果要帮助青少年健康成长起来，由地方宗教团体协助、主办或提供的儿童健康防护项目应该得到更广泛的关注和支持"。

许多人将宗教与专业工作区分开来。但是，对于父母、医生、教师和教练来说，如果要将男孩养育成精神、心理和生理都很健全的男子汉，我们不能忽略信仰的因素。完全不能。科学资料也证实了这点。不管我们自己信奉哪种哲学或宗教，归根到底，上帝非常值得男孩信仰，我们不能忽略这个现实。

大多数研究都将人们对神的信仰称为宗教狂热。但什么是宗教狂热呢？我们通过《青少年期刊》（*The Journal of Adolescent*）知道，89%的青少年说他们每周都祈祷，超过半数的青少年每周都去教堂做礼拜。根据巴拿研究集团的说法，32%的青少年在正常的主日崇拜之外还会参加教会的青年团契。

尽管这描述了美国男孩相当传统的宗教生活，但在过去的40年中，灵性生活也发生了剧烈的变化。如今，许多宗教信仰者，尤其是青少年，不再将宗教首先视为认识和崇拜神的方式，而是将它视为自我探索的方式。这当然是笼统的说法，美国的许多年轻男孩和成熟男孩仍然过着传统的宗教生活。他们会背诵祈祷文，研究圣典，参加宗教活动，努力去认识创造他们的上帝。他们相信，上帝创造他们有着更深刻的旨意。

但是，在过去40年中，社会变迁影响了男孩生活的方方面面，包括他们的宗教生活。许多婴儿潮时代出生的父母都不像自己的父母那样守旧虔诚，某些宗教习俗折射出了这种变化。我们在前文中从不同的角度讨论过这个问题。我们谈到，过去40年的社会变迁——离婚率增加，单亲家庭数目直线上升，婚前性行为急剧增加（性传播疾病的泛滥）——对男孩产生了消极影响。许多这类行为或事情都是传统宗教所反对的，但传统宗教在今天的影响力已经不如从前了。

对男孩来说，这意味着双重伤害。这些社会变迁的后果——无父家庭，性病患者越来越年轻等——已经够糟糕了。但除此以外，由于信仰传统宗教的男孩越来越少，灵性真理因此变得越来越模糊。对那些需要灵性深度的男孩来说，这显得贫乏无力，无法打消他们的沮丧和顾虑。传统宗教不仅更富有挑战性，更加严厉，也更加明确，因而更能安慰人心。而它的这种明确性，乃是源于它花了更多的时间来定义、探讨规则和神学（或试图了解有关上帝的真理），而不是自我探索。

我是以儿科医生而非神学家的身份来说这些话的，它源于我从医经历

第 10 章
信仰的意义

中的所见所闻。遵从传统宗教习俗的男孩更能够承受生活的压力，心胸开阔，能意识到自身生活的意义。而在没有信仰（或只有自我导向的无形信仰）的家庭中长大的男孩则做不到这样。对男孩和许多成人来说，秩序井然是非常重要的。传统宗教提供了这种秩序，也提供了规则。它也提供了权威人物，比如牧师、神父和拉比，男孩在遇到疑问时可以向他们求助。

在 13～17 岁的美国青少年中，75% 的人认为自己是新教徒或天主教徒，1.5% 的人认为自己是犹太教徒。他们这样做是因为大多数青少年想要认同某些非常具体的宗教习俗。就此而言，他们是"宗教的"，而不是今天所泛称的"属灵的"。当我们审视教会的会众时，渴望宗教明确性的证据就变得更加明显了。

在克里斯蒂安·史密斯博士和在读博士米琳达·兰德奎斯特－丹顿合著的《灵魂的探求：美国青少年的宗教和灵性生活》（*Soul Searching: The Religious and Spiritual Lives of American Teenagers*）一书中，52% 的 13～17 岁青少年每个月至少参加两次宗教活动。在被问到参加教堂或会堂礼拜的频率时，60% 的人声称他们每个月至少参加两次礼拜活动。有可能是美国父母在阻碍自己的儿子参加有组织的宗教活动吗？我认为是这样的。无数家长都宁愿将教堂礼拜活动从日程清单中抹去，因为他们感到很累或宁愿做些别的事情，或者他们自己对宗教就半冷不热。这导致许多男孩对宗教非常无知。他们想要找到人生最重要问题的答案，但父母不愿意给予他们答案。即便能够找到教会或会堂，许多家长也不愿意带儿子去这些地方。

我得再次说明，我这样说并不是因为我赞成某种特定的信仰——尽管我当然有自己的信仰——而是因为我自身的从医经历证实了：宗教对男孩有好处。就此而言，我觉得许多家长没有尽到他们的职责。婴儿潮时代出生的父母读过大量的育儿书籍和心理学书籍，这些书籍提供了各种建议，告诉他们如何不压抑孩子的自尊和独特个性，但这些父母在儿童的灵性生活中却毫无影响力。在教育、心理学和灵性领域，我们热切地希望避免将孩子推向任何方向。因此，在我们本该指引他们的时候，我们仍然纹丝不动。许多家长告诉我，他们希望孩子在成长过程中，自己决定是否信仰上帝。如果男孩想要信仰宗教的话，父母希望他们能够自主抉择。在某种意义上来说，这是值得赞许的。我们这些父母的职责就是教育和鼓励男孩自主阅读，独立思考。但致命的缺陷在于，男孩无法从空白菜单中选择任何东西。让孩子自己选择信仰，无异于带他飞到布拉格，然后领着他来到市中心，让他选择住在什么地方，做些什么事情。他会满头雾水，因为他不知道自己有哪些选择。他从未来过这个城市，对他来说，这个城市太大了。

如果父母真心想要帮助儿子作出选择，那么可靠的做法就是给予他广泛的教育，让他了解西方的——如果不是全世界的话——宗教。说实话，我不相信想要孩子自主选择信仰的众多父母在每天下班后会有时间、精力、资源，乃至欲望。实际的情况往往是，男孩没接受到任何相关教育。如果出现这种情况，父母应该万分小心。由于缺乏宗教知识的框架，男孩极有可能卷入邪教或其他伪信仰中，而这是任何父母都不希望看到的。事实上，由于屈从于同龄父母的压力，许多人都不会教导孩子了解宗教教义。毕竟，"政治正确的"做法就是：让孩子自主选择，而且自主权越多越好，在涉及信仰之类极其敏感和个人化的问题时尤其如此。

但是，如果你想帮助孩子，那就不要这样做，而要教导孩子了解你本人的信仰。如果你没有宗教信仰，那就弄清楚自己信仰什么，为什么不信上帝。各种证据表明，儿子不仅希望我们对于上帝这个话题提供详细的、精确的、深思熟虑的答案，他们也需要这些答案。这会让他们生活得更美好。参加教会礼拜会让孩子远离烦恼。如果父亲带孩子去教堂，父子关系会更亲密。上帝值得孩子去了解。因此，我们不要给儿子制造信仰上帝的障碍。如今有许多这样的障碍，最近大量宣扬无神论思想的畅销书就表明了这点。但是，这种对宗教的敌意由来已久。数学家兼哲学家布莱兹·帕斯卡在《思想录》(*Les Pensées*)中谈到了这种敌意，他说："人们蔑视宗教，他们憎恨它，害怕它是正确的。为了救治这种错误，我们必须开始表明，宗教并不违背理性，它是可敬的，值得我们的尊重；然后，我们必须让它变得可爱，让好人们希望它是正确的；最后，我们必须证明它是正确的。它是可敬的，因为它透彻地了解人性；它是可爱的，因为它许诺了真正的善。"

你需要让儿子认识上帝，并需要采用帕斯卡的方式来教导他。

男孩为何需要信仰

第一个理由——希望

退役的职业足球队员克里斯·高弗利具有很强的气场。不管房间里的人是18岁还是78岁，每当克里斯走进来，人们就会停止交谈。我目睹过商人、教师和神父在他进屋时匆匆忙忙各就各位的样子。我甚至见到，当克里斯走进房间时，著名的大主教都停止了此前的谈话。他是（或曾经是）许多人的偶像，他是沉沉的、闪闪发光的超级碗戒指获得者。

但克里斯的人生有时候并不是这样魅力四射。在他担任"绿湾包装工"队的年轻防守队员时，他在旅馆房间里接到一个电话。电话是教练打来的，克里斯被球队开除了。他感到崩溃了，这是他在当年第三次被开除。他在旅馆房间的地板上跪下来。他是个天主教徒，所以这种本能反应是很自然的。但他回忆说，这次他真心需要上帝的帮助。他需要希望，他的人生还没完蛋，即便他感到自己已经跌倒了谷底。

克里斯回忆说："我问了自己几个重要的问题——我是谁？我要到哪里去？"足球就是他的生命。他为密歇根大学的三支玫瑰碗球队踢过球，并和华盛顿红人队签过自由球员合同。足球是他的过去，他觉得足球也将成为他的未来。他告诉上帝，无论上帝要他做什么，要他去哪儿，他都会照办。他完全听凭上帝的旨意。这个高大魁梧、身强力壮的足球队员就这样跪在旅馆房间的地毯上，祈求上帝的帮助。克里斯当时非常严肃。他办理好离店手续，然后去取寄物柜中的物品。出人意料的是，巴特·斯塔和他交涉，并就开除这件事向他道歉，请求他继续留在包装工队。克里斯惊呆了。

然而，过了一年，克里斯肩膀脱臼，足球联盟也开始罢工。突然之间，他发现自己重新回到了底特律，不仅失去了工作，而且身体负伤。他的人生再次搁浅了。新的美国足球联盟在密歇根组建了新球队，克里斯加入了"黑豹"队。他从防守队员变成了进攻队员，他所在的球队也赢得了美国足球联赛冠军。次年，他回到美国足球联盟，和纽约巨人队签约，担任该队的右前卫。两年以后，他带领巨人队赢得了第21届超级碗赛的冠军。

克里斯认为，自从那天在旅馆中祷告以后，他的人生就开始发生变化，他对上帝的认识也改变了。他让上帝来掌管他的人生。逆境仍然存在，但最终，他成功了。"上帝是信实的，如果你遵照上帝的旨意行事，最终就会万事如意。尽管获得超级碗戒指是一件幸事，但成为上帝的儿子则更加美好。"在克里斯被包装工队开除的阴暗日子里，他似乎已经走投无路。他竭尽全力，但仍然被开除了。不是一次，而是三次。但上帝给了他希望，克里斯并不知道，最美好的祝福即将到来。

尽管希望如此重要，但无数美国男孩的生活中都缺少希望。希望是向前看的信仰，当男孩心怀希望时，就能在极大的痛苦中安静下来，深深地相信更美好的祝福将会到来。他的痛苦会因此减轻，能够承受住父母的离婚。即便他没能在低年级和高年级的大学足球队中助攻得分，仍然能够有所作为。而如果没有希望的话，承受过挫折或痛苦经历的男孩往往会觉得，他们人生中的很多东西都永远无法复原了。

二战期间，犹太精神病专家维克多·弗兰克尔被关押在纳粹集中营中。他后来幸免于难，在其著作《人类对意义的追寻》(*Man's Search for Meaning*)中，他谈到，集中营的幸存者之所以能够幸存下来，是因为希望。那些能够想象光明未来的人们，不仅发现他们的受苦是有意义的，而且能够走出肮脏不堪的营房,再次拖着虚弱的身体去劳动营里干苦力活。

相反,那些老是想着现状或缅怀过去的人们,则会认为人生是没有意义的。这些人会开始经历内在的衰老。

弗兰克尔写道:

……拉丁词汇 finis 有两层含义:结局或结束,以及需要实现的目标。那些看不到"暂时性困境"的结局的人,也就无法致力于人生的终极目标。他不再为未来而活,与常人完全相反。因此,他整个内在的人生状况就发生了变化,衰老的迹象就会呈现在他熟悉的其他人生领域。

这些人不知道,通常正是这种异常艰难的外在处境,得以让人们在灵性上超越自我,成长起来……他们宁愿闭上眼睛,沉湎于过去的生活之中。对于这些人来说,人生是没有意义的。

尽管美国男孩不必像集中营里的弗兰克尔和其他囚犯那样,在人生中承受饥饿、酷刑或侮辱,但是许多男孩仍然能够理解孤独、毫无意义、厌倦和情感痛苦,因为他们自身体验到了这些东西。但是,弗兰克尔的答案也适用于他们以及所有的男孩。这就是生活中具体可见的希望,如果没有这种希望,他们的人生就会开始经历内在的老化过程。

弗兰克尔写道:"对自身未来丧失掉信心的囚犯们注定在劫难逃。当他不再相信未来的时候,他也就丧失了灵性的支撑点。他就会听凭自己不断消沉下去,让自己的身心越来越衰老。"

缺乏希望的男孩都不能在生活中撑太久。许多加入黑帮组织的男孩都不相信他们能够活到 30 岁。许多人认为,他们会被谋杀,或因服用过多毒品而死。没有人教导过这些年轻人,他们的人生是能够出现转机的。但是,如果父母或其他关心他们的成人能够无畏地教导他们,爱他们,不放弃他们,他们就能摆脱这样的境遇。然而可悲的是,许多这种男孩都找不到关爱他们的成人,无法想象美好的生活,也找不到任何希望。

男孩就该有男孩样

哲学教授达拉斯·维拉德写道:"人类的希望仅仅在于,我们不仅具有灵性维度,我们也可以改变它。"能够信仰上帝(人类之父)的男孩最可能发生这种改变。正是在这里,宗教能够提供希望,而这正是许多男孩所缺乏的。和能够提供希望的所有其他事物相比,上帝具有的优势是:他没有缺陷,不会死亡,不会失败。因此,对于男孩来说,上帝是希望的最佳源泉。

第二个理由——爱

拉维·查卡利阿斯写到,男孩生活在"弃圣从俗"的世界里。当我们不教导男孩认识上帝时,就会出现这种情况。这体现在男孩对于爱的看法当中。对于那些以世俗——比如流行文化——为参考标准的男孩来说,爱基本上就是性,它是短暂的、肤浅的。相信这种看法的男孩会感到空虚,因为他们只是管中窥豹,意识不到爱的真正内涵。

然而,具有坚定传统宗教信仰的男孩更有可能将上帝视为完美之爱的化身。因此,他们能够在更广阔、更完整的图景中来理解爱。他们知道,爱不是性,甚至也不是浪漫,而是关爱、同情,以及行为的善良与正直。对有些男孩来说,上帝不仅代表爱,也只有他能够给予他们爱,因为他们的父母不在身旁或已吸毒成瘾。当然,传统的宗教体验告诉我们,信仰者们认为上帝之爱超越所有其他的感情。每个人都希望无条件地被爱:仅仅因为他活着,就能得到爱。然而,问题在于,男孩很难得到这种无条件的爱。许多家长想要给予孩子这种爱,但他们却做不到,因为这很难,感情上也很微妙。为了付出无条件的爱,父母必须自身感情健全,并不期望任何回报。

换句话来说,如果父亲想要无条件地爱儿子,他就必须搁下想要儿子喜欢他的任何愿望,意识到儿子的每点进步或成就,理解儿子与他的相处方式。这些做法都是可取的,但是,父亲也必须表明,无论发生什么事,他都会爱儿子。这很难做到,大多数父母都是根据孩子的反应或孩子所取得的成就，来决定自己如何做父母。这可能会妨碍父母给予完全无条件的爱。

但所有的男孩都渴望那种爱。当他们从父母那里得不到这种爱时，他们不会觉得父母的爱还不够完全，反而会觉得自己有缺陷。他会推断说，因为他自己做错了什么，所以父母才没有完全地爱他。既然如此，他应该转向谁呢？他可以转向上帝，因为如果无条件的爱果真存在的话，我们最有可能在上帝那里获得这种爱。

男孩需要知道，他们配得上这种爱。对某些成年人来说，"上帝爱你"的话或许是老生常谈，但对于相信它的男孩来说，这句话却很有力量。他们会从中受益无穷。他们证实了自身的价值，而这种自我价值是所有人都在追求的东西。

第三个理由——真理

所有的男孩都渴望找到真理。年幼的男孩想要知道何者为是，何者为非；年长些的男孩想要知道何者为真，何者为伪；更成熟的男孩则想知道何为真理，何为谬误。就像对爱的渴望那样，求索真理也是人的基本需要。所有人面临的最重要的真伪问题就是上帝。在人类历史上，有关上帝存在与否的辩论，可能是争论最广泛的哲学问题。全世界包括美国在内的大多数人都断定，上帝确实存在。但是，也有不容小觑的少数人认为，上帝根本就不存在。

普林斯顿大学神学院的约翰·斯图亚特博士总结了世人尽力否定上帝存在的两个主要原因：首先，人类有各种痛苦；其次，人类不想聆听上帝的教导。

就我的经历来看，那些很难确定上帝是否存在的男孩，往往就是纠结于这两点。人类苦难的存在往往极难与仁慈上帝的观点协调起来。我也听到过男孩谈论自身的恐惧：如果他们相信上帝的话，上帝会对他们说些什么。后面这个因素导致男孩不去寻求真理，因为他们害怕寻求的结果。但是，男孩内心中有些东西让他心神不安，想要弄清楚关于上帝的真理。布莱兹·帕斯卡这样说:"心灵是具有判断力的,这种判断力是理性无法知晓的。但我们能够在众多事情中感受到它。"帕斯卡接着说,人心天然都会爱上帝,但是人心也天然会爱自己。到了某个时候,人心会变得明确起来,反对这个或那个。"你弃绝了这个,保留了那个。正是理性让你爱自己的。"

斯图亚特博士认为这种内在的骚动是人对宇宙共鸣的回应,在感受宇宙的召唤时,每个人的心中有四种求索途径。首先,人意识到,超验的秩序是存在的,这促使人心去寻找造物主。其次,人对美好事物有天生而普遍的好奇心,这会促使人类寻求蕴藏在美好事物中的意义。再次,人会寻求重要的人际关系(为了生存下来,人都需要这样做);这会让他断定,这种关系是宝贵的,因为它赋予了更深的归属感。这种普遍的感受导致人们去思考,归属感是否来源于上帝。最后,每个人都有是非感和公平感,这导致人们去思考,这种普遍的道德律是否是上帝的律令。

如果男孩没有接受宗教教育,就会产生极其严重的后果,它会阻碍或遏制他们对真理的追求。如果成人教导男孩说,上帝的存在与否是个无足轻重的问题;或者如果成人取消了这个问题,直接告诉男孩上帝并不存在,那就可能彻底斩断了男孩最重要、最有益、最理性的探索。通过沉思上帝的存在来发现真理,能够开启男孩的心智,这是任何其他心理活动都无法做到的。世俗文化贬斥、否定或禁止那种探索,因此过度束缚了男孩的心智,也遏制了他最深的欲望。这是不应该的。

第四个理由——恩典

就像希望那样,没有任何东西能够像上帝那样给予男孩恩典。每个男孩都需要第二次机会。他需要知道,当他作出错误决定并给自己或他人带来痛苦时,不管他的动机是怎样的,他都能正视自己的错误,放弃不良行为,并重新做人。

只有恩典能够打开重新做人的大门,就像爱那样,恩典是父母很难给予孩子的。它在情感上很难做到。家长爱自己的儿子，但是也必须让孩子知道自己的错误并汲取教训。我们绝不允许他们重犯这些错误，我们会惩罚他们，让他们记住自己的失败，通过这种方式来防止他重新犯错。

但是，在父母无法给予恩典的时候，上帝却能够做到。就此（以及许多其他方面）而言，我认为宗教是独特的。由于大多数美国男孩都至少是文化基督徒，因此，在谈到宗教时，总体上来说，我们可以将基督教教义放在首位；而这种关于恩典或宽恕债务（罪、错误以及青少年犯下或可能会犯下的过失）的思想，属于基督教的独特信仰。

如果说美国男孩缺少什么重要的东西的话，这种东西就是恩典。许多人敏锐地意识到了自己的无能和失败。男孩需要得到保证，他们可以将错误抛在身后。上帝能够给予他们这种保证。

第五个理由——安全感

每个男孩都需要设法找到人生的安稳之所，找到自己的立足点。在父母离婚以后，在最好的朋友死于车祸以后，在女朋友移情别恋以后，如果男孩转向上帝的话，就能够获得极大的安慰。他会感到安心，知道自己并不是毫无所有，因为上帝始终与他同在。

在青春期，许多男孩在心理上开始与父母分离开来。大多数男孩都会因为这种极其正常的变化而感到脆弱不堪。遇到令人痛苦的事情时，这种脆弱感会达到顶点，因为他们还没有完全成熟，非常容易被感情击倒。此时，谁能帮助他们重新站立起来呢？当他们有意考验自己，不向父亲或母亲求助时，谁能扶住他们的双肩，让他们重新昂首挺胸呢？朋友们能够让他们振作起来，但要让他们完全站立起来，必须要有成人的支持。然而，无数男孩从来都得不到父母或任何成年长辈的帮助。我们都太忙了，父亲经常在外面跑来跑去，母亲则在漫长的工作以后变得精疲力竭，祖父母生活在几百公里以外……说实话，有些父母太在意自己了，因而无法关爱孩子。

即便家长确实关爱孩子,许多时候,对男孩来说,他们的爱和支持仍然不够。因为如果他是个正在不断长大的健康青少年,他就会知道,他不能始终依靠父母,必须克服这种依赖性。当男孩越来越大,我们也意识到,我们不会包办他们的全部需求。因此,我们需要有个备用计划,能够以其他方式给予儿子答案、支持和关爱。如果我们无法教他们认识上帝,将上帝视为爱、善、智的最终源泉,那么他们会走向何处呢?青少年在人生中有可能会作出许多错误的选择。在关于上帝的问题上,很多人就可能犯下错误,给自己造成终生遗憾。

当男孩充满恐惧和迷惘的时候,他们需要答案。如果得不到答案,他们就可能沮丧消沉。当男孩在青春期碰到不可避免的挫折——社交失败、成绩不及格、体育比赛败北,他们需要设法释放心中积聚起来的压力。男孩非常善于在父母面前掩饰自我怀疑(他们知道自己需要成为"男子汉"),但这会让他们在内心中觉得自己被遗弃了,孤立无援。此刻,转向上帝的男孩能够获得安慰。他们不再觉得孤单,知道不管遇到什么挫折,他们在宇宙中都不是可有可无的。他们知道,上帝关爱他们,尽管其他人都不理解他们的想法和恐惧,但上帝却理解。

每个男孩都知道,必须让消沉的心灵重新振作起来。父母可以让孩子认识上帝并获得上帝赐予的安全感,让他们知道,上帝始终在照看他们,关爱他们。这是个很好的防线。父亲能够给予儿子安全感,但是,当他将上帝给予儿子时,就给了他更美好的东西。父亲会犯错误,但上帝不会。父亲不会始终陪伴着他,但上帝会。而且,上帝既爱父亲也爱儿子。每个男孩都应该知道这一点。

Chapter 11
How Then Shall We Teach Them to Live?

第 11 章
男孩渴望具备哪些美德？

谦卑的男孩可以接受他人的成功、弱点和压力，因为他们的价值感不是来自别人，而是来自自己。

第 11 章
男孩渴望具备哪些美德?

我们每个人都有愿景,希望孩子成为某种类型的人。有时候,这种愿景是让孩子从事高薪或体面的职业;有时候,这种愿景是希望孩子婚姻成功、儿孙满堂。但事实上,大多数家长想要知道的是如何将儿子培养成真正的男子汉——我们在日常生活中遇到的具有人格魅力的、令人充满敬意的男子汉。每个家长都可以努力帮助孩子成为这样的人。起初,我们可以教给他们我们所欣赏的美德,同时也要身体力行。但是,我们每个人都担心自己无法取得成功。

别害怕。每个家长都能养育出善良、诚实和勇敢的儿子。

最开始时可以这样。在心里描绘出你对儿子的期望,比如你希望他拥有的所有外在特征:他的身高和体重、他选择的职业,甚至他的新娘。描绘完了吗?很好。

现在,剥去所有肤浅的成分。撇去他的工作、配偶、家庭、汽车和爱好以后,剩下的是个什么样的男人?

继续努力。重建他的内在自我。你想要看到他的内在自我是怎样的呢?

你希望他是个生活诚实并努力工作的人,还是个想要出人头地、削尖脑袋向上爬的家伙?当我们剥掉外在的东西,触及他的品行时,我们就能够看到他的本质。在面对困境时,他会展示出勇气,还是会放弃原则呢?

如果他必须在孩子和他自己之间作出选择，他会将谁放在首位？他是个拥有良好品行并受到朋友尊重的人，还是个夸夸其谈、见利忘义的家伙呢？

如果你希望儿子能成为勇敢无畏的男子汉，现在就开始训练他。如果你相信，诚实会让他生活得更加幸福，请立刻消灭他的欺诈行为。如果你希望他因为品行良好而受到尊重和表彰，那就教他谦卑。如果你想让他善用男性的阳刚之气，那就教他明白，力量、礼节和敬意是相辅相成的。

每个男孩都需要学习各种美德，才能成为伟大的男子汉。任何家长都可以承担起教导的职责，因为美德的核心是男性的直觉。家长不必刻意打造美德，然后灌注到儿子的心里。美德本身就在那里，只不过还非常零散，必须被整理、塑造和完善。

对于家长来说，循序渐进是个很大的难题。急于求成是美德的敌人，因为它让我们没有时间讨论、思考、怀疑或祈祷。有时候，我们本应与孩子合作，但急于求成的心态却会驱使我们逼迫孩子做这做那。把时间还给你的儿子。给他时间去梦想，鼓励他质疑和思考。男孩必须有时间去思考美德，然后才能拥有它。否则，美德就不过是一件可以随意丢弃的外衣。他可以穿上它，也可以脱下它，这完全取决于他的心情。但真正的美德并非呼之即来挥之即去的，它会内化为男孩的本质。

首先，让儿子的生活变得简单。给他空间，让他体验无聊，自己想办法去填补空闲时光。当他这样做的时候，他将被迫去思考。如果你想激励他，可以让他阅读亚里士多德的《伦理学》(*Ethics*)和《政治学》(*Politics*)，或柏拉图的《对话录》(*Dialogues*)，或帕斯卡的《思想录》(*Les Pensées*)。这些经典作品会让他思考何为美德，以及如何定义和实现它。

男孩需要从容地思考人生的重大问题。他们需要有这种闲暇。不要因为匆忙而让自己和儿子无暇讨论生活中的美好事物。让他在日常生活中有机会练习真诚，也让你们有空讨论真诚的重要性。当你看到儿子在践行美德时，找到合适的时机给予他表扬。

男孩会寻找美德，正如他们会寻求真理和自我价值那样。因为正在成长的男孩渴望认识真理，知道什么是好的，以及他应该去做正确的事情。因此，男孩喜欢制定规则和自我行为标准。他们会从他们所敬慕的人（通常是父母）那里学会道德准则。当男孩设定了规则以后，他便会认为这些规则是他最好和最高的行为方式。如果男孩成功地遵行了自己的行为准则，他就能够尊重自己，并相信其他人也会尊重他。而对于男孩（和男人）来说，尊重和荣誉是非常重要的。

诚 信

良好的举止应该首推诚实。男孩能够敏锐地辨别周围的人是否诚实。当身边的人不诚实时，他能立刻感觉到。如果男孩有很强的良知，当他试图撒谎时，他的眉毛、鼻孔、发际线和嘴巴都会泄露秘密，因为他知道自己违背了行为准则。男孩认为，诚实是属于男子汉的品质，所以不诚实就不是男子汉。在男孩的眼里，英雄配得上荣誉，因为他们代表了公平公正，而公义和公正就是诚实。

比起活在谎言之中，诚实地生活会让男孩感到更开心，即便欺骗意味着他能够得到想要的东西。男孩希望自己强大而勇敢，而讲真话需要力量和诚实。撒谎让人很不好受，会让男孩感到害怕，因为他们知道这是一种缺点。骗子就是害怕真相的人。

因此，我们很容易将男孩培养成讲真话的人。他们知道，如果你教他们说实话，就是在教他们变得强大。他们知道内心强大的男孩会讲实话，软弱无力的男孩才会撒谎。无需别人来告诉他们这个道理，他们自己天生就知道。

因此，在你教导诚实的时候，你的听众是非常乐意的。不要鼓励儿子讲善意的谎言，即使它是用心良苦。年幼男孩的思维方式是非黑即白的。他们认为，一句话要么是真话，要么就是假话。男孩越年幼，就越缺乏中间思维。当父母为了哄骗他而说"善意的谎言"时，他会感到迷茫。"善意的谎言"这个词是矛盾的。为了顺应父母的愿望，他会觉得谎言是可以接受的。太早开始这种模棱两可的教导，会导致男孩误入歧途。

即使是很小的谎言也会让男孩纠结不已。如果山姆告诉鲍勃，他不能借宿，因为他要到姑姑家去（其实是要到他的朋友瑞奇家中去），难免会适得其反。当鲍勃发现山姆撒了谎（他不可避免地会），他会受到双重伤害：山姆为瑞奇放了他的鸽子，而且还骗了他。山姆也会觉得很难受，因为撒谎的感觉很糟糕。不要教导男孩什么是可接受的谎言，因为谎言会让男孩非常痛苦。男孩如果在 7 岁时撒小谎，到了 17 岁时就会撒大谎，到了 37 岁则会撒弥天大谎。

我们都知道，真诚地生活并非易事，年轻的男孩需要他人帮助他们做到这点。每个男孩都想说实话，但在实践的时候，需要有人——妈妈、爸爸、老师、教练——帮助他，让他将自己对于诚实的直觉付诸实施；而不是鼓励他讲善意的谎言或添油加醋，从而让他误入歧途。你肯定不想扼杀儿子的道德感，或者让他觉得，年龄越大诚实地生活就变得越难。男孩应该将父母视为诚实的榜样。诚信是光荣的。而荣誉感能够唤醒其他美德，是每个男孩在心中培养美德的根基。

男孩需要个人荣誉感。想想他的日常生活。十年级历史课上，是否有男生聘人帮他写论文？论文得了"A"，但你儿子辛辛苦苦地自己写论文却只得了"B"。他为什么不能聘人帮他写论文？毕竟，那个男孩并没有东窗事发。十一年级班上有没有女孩认为你读十年级的儿子很性感？如果有，她在 MySpace 或 IM 上对你儿子说了什么？她有没有发短信给他，建议他找点性趣？他为什么没有对她的示好做出回应？毕竟是她主动投怀送抱，不是吗？

你的儿子是个好孩子。他知道，让他人代写论文是不对的，是不诚实的。但他需要荣誉感来抵抗诱惑。这个女孩呢？你的儿子不想找女朋友，他认为自己还没有准备好。事实上，他发现她的短信有点让人毛骨悚然。另一方面，他并不想伤害她的感情，他想表现得很友善。也许今晚去她家读书不会有什么坏处吧？

男孩必须明智而灵活地对待朋友们的行为。诚实地生活意味着睁大眼睛看待人们，也包括他自己。保持正直可能很难，尤其在青少年时期，但如果他祈望自己能够保持自尊，就必须学会充分地认识自己。他必须诚实地面对自己的愿望和目标，并在他人的帮助下坚守它们。当他成功地做到这点，他会感到很开心，因为他觉得自己是光荣、诚实和坚强的。

勇 气

勇气这种品德能够确保其他品德——如诚信、温柔、谦卑、善良——被付诸实践。保持诚实可能很难，优先考虑他人的需求也是如此。你不会从 MTV 中学到善良和谦卑等品德。实践美德的男孩都是在逆流而动，这需要勇气。

然而，美德的好处是，在很多时候他会令你得到立竿见影的回报。表现出勇气的男孩会对这个事实感到骄傲。如果男孩在重重压力之下做了正确的事情，他就知道他可以控制自己，而这就是荣誉和自尊的源泉。每个男孩都想勇敢无畏，不畏手畏脚，义无反顾地冲向正确的目标。每个男孩都想做一些值得冒生命危险去做的事情，想知道自己有勇气承担这种风险。为朋友舍命，行事勇敢，是男子汉气魄的表现，因此每个男孩都想拥有它。

现代生活中并不经常需要男孩为朋友舍命或英雄救美，但它肯定需要勇气，不过这种勇气穿着不同的外衣而已。

我们认为，勇敢的男孩就是，当他走进房间发现朋友们在吸食大麻时，尽管他们请求他也来尝尝，他却走出门去。可敬的年轻人在女朋友喝多之后，不会趁机占她的便宜。相反，他会开车送她回家，并送她下车。这些男孩捍卫着我们的主流文化不再关注的价值观。如果他是你的儿子，你会希望他怎么做？你想让他成为怎样的人？勇敢的男孩就在我们身边，

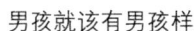

即使懦夫会赢得更多的关注。帮助你的儿子成为勇敢者吧。

谦 卑

观察谦卑的小伙子是如何跟朋友交谈的。当然更好的方法是，亲自跟他谈话。谦卑的男孩和男人能够让所有人对生活和自己更加满意，无论对方是大学校长，还是超市里打杂的老年妇女。

原因相当简单。对于生活和自我有正确认识的男孩很少担心自己。他们向外看，不向内看。他们不仅有健全的自尊心，也会尊重别人。他们能够洞察自己内在的人性和价值，不害怕生活或自己。他们可以接受他人的弱点、成功和压力，因为他们的价值感不是来自别人，而是来自自己。

与如今相比，我们过去更善于教导男孩养成谦卑的品德。但现在应该重新专注这种美德。它对男孩非常有用。谦逊教导男孩不要自大——傲慢的男孩很可怜——也不要陷入自怨自艾的无用感当中。谦卑是平衡的美德。

谦卑的男孩具有无言的力量。他们知道什么能让人变得无比高贵（不是吹牛或得胜），什么不能。谦卑的男孩不会老是担心自己是否足够优秀，也不会在失败时痛责自己。他们已经将自我中心主义拒之门外。总之，他们已经成熟。谦卑的男孩会拾起同学丢下的纸张，会站在队伍的末尾，也会为老师开门。他们不会有意地去吸引注意力，但他们往往会引起别人的注意，因为他们总是难掩美德的光芒。谦卑的年轻人会让他人乐意待在他们身边。

C.S. 刘易斯写道："如果你遇到一个谦虚的人，他不会是当今多数人所说的那种'谦虚'。他不会油滑或虚情假意，也不会总是告诉你他自己只是个无名小卒。也许你只会觉得他似乎是个性格开朗而聪明的小伙子，对于你说的话真正感兴趣。如果你不喜欢他，那是因为你有点嫉妒那些能非常轻松地享受生活的人。他不会想到他自己，他根本不会想到自己。"

也许正是出于这个原因，每个家长都希望自己的女儿能够嫁给谦卑的男

第 11 章
男孩渴望具备哪些美德？

人。父亲希望女儿的丈夫能够优先考虑她的价值和需求，照顾她，帮助她建立自信，而不是打击她。

谦卑的男孩通常会脱颖而出，成为人生的赢家。相比之下，那些在成长过程中认为自己比他人优秀的男孩，他们对自身价值的认识会受到严重的扭曲。他们会打压身边的人，尤其是自己最亲近的人。人的优越感会使他们孤立无援，常常过着孤独、愤怒和自我毁灭的生活。而这只是因为他们不明白一个简单的道理：没有人比他人更有价值。当然，每个人都有不同的天赋、能力和特征，但每个人都拥有独特的价值。当我们在充满竞争的生活中忙碌不堪时，我们忘记了这一点。我们的儿子也无法学到这一点，除非我们教导他们。但是，教导他们意识到每个人都无比宝贵，其实也是在提醒他们自己的价值。

谦卑的男孩拥有更长久、更深刻的友谊，因为他们是真正的朋友——不总是关注自己。因此，他们往往会赢得尊重。每个家长都希望儿子受到同龄人的尊重。

我们在教育儿子时常会犯一个重大错误。我们善意地想要帮助他们建立自尊，因此教导他们，表现得更加优秀是非常重要的事情，那会让他们自身变得更优秀。我们必须教导他们为了帮助他人而变得更优秀。伟大的人不可能生活在真空中。我们尊重的人——真正值得我们尊重的人——是那些为了他人而倾心奉献并完成伟大事业的人。

塔克是个谦虚的年轻人。他年幼的时候，在中国染上了脊髓灰质炎，双腿完全无法活动。他开始上小学的时候，跟着父母移居到美国。他当时还很年轻，因此作出决定，他不能在轮椅上生活。他学会了使用金属拐杖。他首先伸出一根拐杖，再挪动臀部，向前摆动松弛无力的双腿，然后伸出另外那根拐杖。为了行走，他需要不断重复此过程。凭着不同寻常的决心，他自学了走路、打保龄球和高尔夫球。十几岁的时候，他在周末坐着轮椅完成了公路赛的比赛。到他成年的时候，他健硕的上半身长成了完美的 V 字形。

男孩就该有男孩样

　　塔克上医学院的时候没有坐轮椅。他宁愿用拐杖来支撑虚弱的双腿，因为他说，他喜欢直视别人的脸庞。他安静、才华横溢，而且善良。他的神态让他尤其善于与生病的儿童——尤其是危重病儿童——打交道。也许他喜欢他们的原因是，他们似乎从未注意到他的银色拐杖。

　　在他实习期间，他和许多病人成为了亲密的朋友。莉莉是他最喜欢的朋友。她11岁，患有囊性纤维化。她的肺部经常充满了浓浓的黏液。她患有收缩性肺炎，必须住院。塔克总是会自告奋勇地照顾她。

　　莉莉的胸部需要接受数小时的治疗。每隔几个小时，呼吸科医师就会来到她的床边，向呼吸机里添加药物，让她吸入。然后，他们会让她趴在床上，拍打她的背部，疏通她肺里的黏液。这让莉莉感到无比难受。

　　有个星期，医师们接待着络绎不绝的病人。正是流感季节，成群的支气管哮喘患儿住进了医院。莉莉开始不时地错过各种治疗。当塔克听说她错过了治疗，他找到治疗师，问他是否能观察他是怎样治疗其他囊性纤维化患者的。他学会了如何进行药物治疗和物理治疗，其他医生从未做过这样的工作。

　　当晚间查房结束后，除了值班医生外，其他医生都回家了，塔克留了下来。事实上，他的室友开始怀疑他到哪里去了。塔克的车停在医院的停车库里，但大楼里似乎没有人知道他在哪里。他的室友在各个大楼里寻找塔克。

　　室友在晚上9:30检查了莉莉的房间。电视机开着，但没有声音。在那里，他看到了塔克。他的拐杖靠在墙上，他坐在莉莉的床边，麻木的双腿垂在床边。他的双手正拍打着莉莉的后背，以便消除黏液。莉莉在呻吟着。塔克继续砰砰地拍打着，告诉她坚持下去——治疗很快就结束了。

　　整整一个星期，这个年轻医生都在值完夜班以后，在早晨拖着疲倦的身体，查完病房，然后悄悄地走向这个小女孩的房间。每挪动一步，金属拐杖就会发出刺耳的声音。每天晚上，莉莉都会听见金属拐杖吱吱嘎嘎的声音向她的房间靠近，从未失约。

这个年轻人的行为拯救了小女孩的生命吗？她得了可怕的病，几年后去世了。然而，在他看望她的那段时间里，毫无疑问，他让她的肺部免受到更严重的感染，至少延迟了好多天。在莉莉去世之前，她向母亲谈到了塔克。当然，他是以医生的身份照顾她的。但更重要的是，他同时也是个谦卑的年轻男子，他就像照顾妹妹那样照顾着她。

当男孩学会像珍惜自己那样珍爱他人的生命时，周围人们的生活就会发生变化。莉莉的生命——以及莉莉父母的生命——都被这个年轻人改变了。如果塔克太骄傲，不愿意做有辱他身份的分外之事，不愿意在漫长而疲劳的工作结束以后去帮忙莉莉，这种改变就不会发生。

我们应该教导儿子尊重他偶遇的每个人共通的人性，并且总是愿意帮别人多做点事情。没有谁重要得可以不必这样做。

温 柔

每个男孩都必须懂得温柔。这个词的意思是：约束力量。温柔是野马被驯服以后的状态。强壮而凶猛的动物被套上了轭具，被制伏了。

温柔是软弱的对立面。说到这个词，我们脑海中会浮现出这样的画面：一个身体虚弱、弯腰驼背的秃顶男子撑着手杖，说话时声音轻得几乎听不到。这肯定不是温柔。

温柔是高大俊美的种马，身形健硕，能够在场上健步如飞，但却完全在控制之下——我们谈到温柔时，眼前应该浮现出这种景象。它反应敏捷，迅若惊鸿。它所有的力量都用得恰到好处，不会徒然地浪费精力昂头嘶鸣或踢腿。难道你不希望儿子变成这样吗？

尽管男孩绝非动物，但这个比喻很恰当。男孩到青春期后，雄性激素的含量不断上升，力量增加，肌肉更发达，他也觉得越来越有力量。他可以大声叫喊——他居然能吓到别人。正是在这个力量感爆棚的时期，男孩必须学会温柔。就像其他美德那样，男孩必须通过培养才能具备这种美

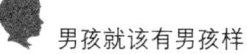

德。也许他会觉得不正常甚至有违本能。他需要在他人的帮助下，学习如何健康地引导自身的精力和体力。

首先，确保你的儿子理解自律的重要性。很多男孩不理解，是因为他们的父母没有教导青少年儿子约束自己的行为。毋庸讳言，言行散漫的青少年会危害自己和他人。但是，除非男孩真的相信自律的重要性，否则，他不会表现出温柔的特性。

其次，在儿子十几岁之前，你需要教导他，当他不恰当地运用他的力量时——过分具有攻击性，伤害别人——他会遇到更强大的力量，也就是你。如果他失控，截住他并迅速让他回到正道上来。持之以恒地、公正地、亲切地管教他。这是他在温柔这一品质上接受到的最早的教导。上小学的男孩需要父母的监督，因为他们太不成熟，无法控制自己的行为。这些早期指导可以大大减少你在孩子进入青春期以后的管教工作。同样，你自己的行为也会大有改变。在理想的情况下，他在成长的过程中会不断观察你，了解自律的生活是怎样的。告诉他，拥有精力、力量和激情是件美好的事，但他必须学会驾驭它，并利用它来做好事，而不是做坏事。

活跃、好动、狂野的男孩并不是坏男孩，我们也不应该让他们觉得自己是坏孩子。男孩天生活跃，有大量的精力需要释放。因此，他们需要通过许多途径来发挥他们的活力，释放他们的能量，并考验自己的实力。男孩需要锻炼。这不是人生的奢侈品，而是必需品。视频游戏无法提供锻炼的机会，电视或电脑也不能。所有的男孩都需要欢蹦乱跳，并认识到：即使在喧闹的游戏中，也有规则和秩序。通过运动和锻炼，他们学会了控制自己的肌肉和身体，甚至控制自己的情绪和想法。在男孩长大以后，他可以将这些学会的技能运用到生活的其他领域。如果不允许他体验到自身精力的饱满，他永远不能学会控制自己的精力。

当然，男孩的需求不只限于身体。温柔也是智力的美德。当一个具有天赋的男孩开始认识到他的潜力，他会很快明白，他拥有同龄人没有的能力。他能快速阅读、心算乘法，或更快地记忆单词。聪明的男孩会有强烈

第 11 章
男孩渴望具备哪些美德？

的求知欲，家长必须要认识到这点，并让他施展其才能。值得注意的是，许多非常具有创意的男孩可能难以集中注意力，因为他们的头脑在拼命地运转。要让他们阅读书籍，演奏乐器，深入钻研项目，鼓励他们的求知欲，甚至鼓励他们做白日梦。但请记住，聪明的男孩如果热衷于坐在电视机前，或迷失在电脑屏幕或耳机中，他们将会发育不良。而这些生疏的电子产品无法像现实的人际交往那样，或像阅读名著与演奏乐器那样，教人学会谦卑。正如男孩不断成长的体力可能会让人感到有点害怕，他日益壮大的精神力量也是如此。天才儿童需要学习谦卑，才能积蓄并引导自身的才华。

成年人拥有成熟的自律能力，因此他们必须引导孩子。家长和老师可以帮助有天赋的孩子找到疏导和展现其天赋的最佳途径。对于很多其他的男孩来说，父母和教练也许能够在自律方面给予他们最好的教导，也许不能。他们既可以鼓励孩子像受训的马匹那样温柔，也可以鼓励他们像野马那样狂踢挡住他们去路的任何人。如果教练教导男孩为了取胜而不惜任何代价（包括犯规），就是在摧毁孩子的品行。如果教练教导孩子，自律和自我约束能让他们成为更好的运动员和更好的团队，他们需要奋力而公平地竞争，需要输赢都能不失风度，那么他就是个合格的教练和男子汉。

乔伊是个出色的运动员。他 13 岁的时候读八年级，当时校队足球教练问他是否愿意在校队踢球。这个高中有 1500 名学生，这种邀请意味着特殊的荣誉。但乔伊拒绝了，他不想离开初中队的伙伴们。

每次乔伊打球、游泳或骑自行车，都能拿到奖牌，很少输掉任何运动会或比赛。到他 7 岁的时候，他的父母意识到他的天赋。对于他的未来，他们有美好的梦想，但他们并没有让梦想阻碍他们作出明智的决定。他们决定，始终任由他从事自己喜欢的活动，而不哄他参加他不喜欢的运动或活动，也不请私人教练或奥运培养团队。他们只是让他由着自己的兴趣从事体育活动。我相信，他们的决定有助于他在成年初期变得更加优秀。

当乔伊进入高中时，他决定参加大学足球赛。他的教练很高兴。同学们都来看乔伊比赛。通常他所在的球队都能获胜，但球迷们只想看他的表现。每场比赛他似乎都打得比上一场更好。

秋天的一个晚上，乔伊的球队要和某个异常难缠的球队进行比赛。乔伊的学校位于中产阶级郊区。对方球队来自城内，据说他们踢起足球来，就像玩不戴护胸的曲棍球那样。他们会推人、撞人并铲倒对手，并知道如何骗过裁判。乔伊的团队不想和他们比赛。乔伊是球队中最年轻的队员，但尽管如此，他的身材非常高大。高中一年级时，他已经有6.1英尺高了。刚开始他是自由中卫，他像往常那样发挥得非常出色。但上半场以后，乔伊的队伍士气低落。他们的比分落在后面，与此同时，乔伊的一个队友不得不因伤退出赛场。

乔伊是球队中得分最多的球员，对方教练认为他是主要的威胁，因此特意安排了一个难缠的球员来防守他。下半场的时候，乔伊带球冲过整个赛场，疯狂地奔向对方的球门。他的队友挣脱了防守。乔伊看见了他，但也看到对方的防守队员冲向了他的队友。他意识到那个防守队员想要动粗。乔伊把球传了出去，但眼睛盯着他的对手。他的队友的身材比那个后卫瘦小得多。乔伊担心他会受伤。于是，他做了一件非同寻常的事情。他冲向后卫去拦截他。果然，可怕的后卫双脚铲向乔伊的队友，结果却狠狠地铲在乔伊的膝盖上。乔伊替队友承受了这一击，倒下了。但更加令人吃惊的是，后卫在乔伊倒下后又踢了他。主裁判吹了哨，但乔伊只是翻了个筋斗，双脚落地。当他站起来的时候，高大的后卫自己却倒下了，乔伊有绝佳的反击机会。裁判没有注意他们，足球也已经传出去了；这个后卫尽管身形高大，但不如乔伊。报复是轻而易举的事情。乔伊低头看着这个男孩，他看到了他凶狠的表情。但他只是捂住自己肿胀的膝盖（膝盖骨已经骨折），转过身来，单脚跳下场。观众（甚至场地对面的父母）席上爆发出掌声。他们鼓掌欢呼，不是因为爆发了冲突，而是因为没有。在身强力壮的高个子乔伊身上，他们看到了温柔。

第 11 章
男孩渴望具备哪些美德？

善 良

在世界范围内，美国是爱心男孩和男人所占比例最高的国家。我们国家的男人是许多国际救援组织的中坚力量，他们为全球数以百万计的贫困人口提供住房、食品、衣物和水源。我们的士兵在战乱地区从事许多和平事业，给儿童带去糖果和足球，在那里建设学校和诊所。与世界其他地区的男性不同的是，美国男人同等地爱护女婴和男婴，没有"根据婴儿性别选择是否堕胎"这样的问题。同样独一无二的是，美国男性对待女性很有礼貌，尊重她们，将她们视为人类同胞。

我们每天都能看到男性的善良行为。比如我在机场看到一个年轻男人，飞机预订票已经全部售出，他将自己的机票让给了一对母子，以免他们在底特律机场过夜（换成他自己在机场过夜）。我还认识一个十几岁的男孩，他在牙买加度春假的时候遇到了一个 9 岁的女孤儿。他花了两年的时间，试图将她带回美国，让她拥有更好的生活。最终，他的努力失败了，他因此痛哭失声。

我曾在由男性主导的领域工作多年，我看到了他们的行动，他们的善良、爱心和献身精神。我曾经见到过 72 岁的美国医生自愿在贫穷的第三世界国家为患者做手术。他在临时搭建的医院里工作了许多个星期，那里没有电（其他设备也很简陋），空气闷热，但他没有丝毫的怨言。我见过产科医生为产妇接生，也见过医生守护在垂死者的床边。如果我们环顾四周，每个人都能发现许多正在工作的善良而英勇的男人。

美国男人是善良的，因为他们接受过这样的教导。这是我们悠久文化的组成部分，你可以追溯到我们的宗教遗产、建国政治原则、互帮互助的前沿传统，以及五六个其他的源头。但需要记住的是，父母和家庭将这种训诲代代相传。体贴有时候可能并不容易，但它能促使社会变得健康，也能促使男孩变得更优秀。如果你发现某个年轻人很快乐，一定也会发现他很善良。

男孩就该有男孩样

与某些人的看法相反,女孩并不比男孩更善良,她们只是更富有表现能力。女孩善解人意,但男孩认为善良需要行动。他们能看到他人的需求,但他们不会对此夸夸其谈,也不会向需要帮助的人做出空头许诺,而是会实实在在地做些事情。通常他们在这样做的时候会尽量避免引起人们的注意。

乔丹就是这样的男孩。他住在小镇中心的社区里,在这里每家都有个小后院,侧面连着独立车库。车库背后是一条小巷。放学以后,孩子会在巷子里碰头去玩街头曲棍球。有些孩子会带曲棍球棒和旱冰鞋,有些则会带运动鞋和扫帚等。乔丹属于前者,他的父母比许多街坊要富裕些。球队中大约有半数孩子带曲棍球棒和旱冰鞋,半数带运动鞋和扫帚。

穿旱冰鞋跑动的男孩会绕着奔跑的男孩滑行。他们总是能射门得分,所以很快决定和带着扫帚的男孩分开玩。乔丹不喜欢这个主意,他不想让大家分为两组。乔丹说,如果带球棒的孩子剔除了带扫帚的孩子,他就离开。在接下来的几天里,再也没有人在巷子里打曲棍球了。

然后,有个朋友想了个主意,于是他来找乔丹。乔丹认为这个主意很棒,他将所有的男孩召集到巷子里。"我们制定了新规则,"他告诉他们,"不用溜冰鞋,不用扫帚。"

"我为什么要放弃溜冰鞋?"一个男孩问。

"这很蠢,"另一个说,"没有棍子你让我们怎么打?你想让我们用手打球?"

"不,笨蛋。我们每个人去弄五块钱,这样我们每个人都可以买个球棒。这样就扯平了,这会更有趣。"

乔丹外在的体育精神和解决问题的能力就是他善良品质的体现。当然,他自私地想保持八人球队,而不是缩小到四个人。但促使他说服那些穿溜冰鞋的同伴们换上球鞋的动力并不是这个原因,而是他对那些买不起旱冰鞋的男孩的善良体贴。男孩具有美好的谦卑品行,他们不会吹嘘自己的善良或同情心。就像乔丹那样,他们甚至试图掩饰它。

第 11 章
男孩渴望具备哪些美德？

奥尔登也有类似的故事。奥尔登 7 岁时，他住在多诺万太太隔壁。她是个 83 岁的寡妇，看起来却像 73 岁。她会开车、烹饪，并花大量的时间料理后院的花圃。有时放学以后，奥尔登会跑进院子中帮她除草。大多数情况下，他只是坐在那里夸夸其谈。多诺万太太告诉奥尔登的母亲，这个男孩话太多了，她很难专心听他说话。奥尔登甚至告诉她说："多诺万夫人，我真想不停地说话，但我话都说完了。"

一个下午，奥尔登放学回家以后，得知多诺万太太生病了。花园里整天都没看到她的身影。奥尔登开始行动起来。他不能袖手旁观，可他能够做什么呢？他想了个绝妙的点子，以便让多诺万太太开心起来。

奥尔登将花生酱罐子洗干净，然后拿着母亲的毛线团和剪刀，来到多诺万夫人的后院。20 分钟以后，小男孩剪下她院子里找到的每朵郁金香。他细心地整理成束，用纱线捆好。但郁金香太多了，他不得不跑回家拿更多的罐子。

他小心地将装满郁金香的罐子放在她的门廊上，然后按响了门铃。多诺万夫人穿着浴衣出现在门口。看到奥尔登以后，她笑了。然后，她低头向他脚边看去，倒吸了一口冷气。接下来是长久的沉默。

"奥尔登！我的郁金香！你怎么知道它们是我的最爱？"她满脸笑容。小男孩昂首挺胸，大步回到家中，就像得胜的公鸡。然而，奥尔登的母亲知道郁金香的事以后，没有立刻明白他的初衷，于是让他立刻去给多诺万太太道歉。他感到有些莫名其妙。

如果父母教导男孩要心地善良，那么他日后会生活得更幸福。他们知道怎样成为更好的朋友、更可靠的配偶，也知道怎样成为更好的商人；因为他们不总是想着自己，而是想着对方。他们也会变得更加富有同情心。善良的男孩懂得分担他人的痛苦，这让他们变得更加坚强。

在男孩年幼时，父母就可以开始教他们赞美别人，言行一致。如果家长能培养男孩养成称赞他人的习惯，那么随着时间的推移，他就会更好地对待他人。

引导男孩言辞得体能够让他换个角度思考问题。这个技巧非常有用。例如，如果家长坚持要求男孩不说朋友的坏话，随着时间的推移，他就会忘掉朋友的不良习惯，或者真正学会喜欢他。不许男孩抱怨时，他们会变得更快乐。男孩如何谈论别人，就会如何看待那个人。他们怎么说，就会怎么想。如果他们抱怨，那么负面想法会引起抱怨，抱怨也会产生负面想法。然后，男孩会形成消极的思维模式。这样，他不仅会更多地抱怨，也会开始闷闷不乐，不想玩耍，也不想去太多地方。

很多家长会听任孩子抱怨，因为他们觉得男孩需要表达自己的情绪。的确应该鼓励男孩表达自己的感受，但抱怨的时候并非如此。很多时候，抱怨源于烦躁、不满和无聊。要训练儿子停止口头抱怨。否则，他长大以后会非常不幸，看不到眼前的美好。与此同时，要教导他只说别人的好处，这样他会更加友善地对待他们。要做到这点并不难。

马尔西·比林斯去接她的四个孩子放学回家，接着去办些事。每个孩子都心情不好，沉浸在放学后的烦躁情绪当中。我将它称为校车综合征。在放学后半小时以内，我们很难找到开心的孩子。

不久，孩子就开始打架。她有一个儿子和三个女儿。有人将饮料泼出来了，开始大哭。她首次停车时，四个孩子都跟着她进了商店。他们重新回到车上以后，争吵得更厉害了。马尔西毫不作声，把车停到停车场。当车停下时，她转过身来告诉孩子，每个孩子必须赞美坐在他（她）右边的人，否则她就不开车。

他们抱怨着。两个女孩开始互相打架，另外两个对她们感到很生气，因为他们很想回家。她等在那里，喝着健怡可乐。她是认真的，说话算话。吉米首先听从了她的要求。他非常务实，意识到必须照做才能回家。他的姐妹们很恼火。

"好吧，"他开口说，"雪莱，我喜欢你的牙套。我很喜欢看到你在吃完鸡蛋沙拉以后的笑脸。"

雪莱哭了。吉米很严肃，他觉得自己正在善待他人。

第 11 章
男孩渴望具备哪些美德？

20分钟后，马尔西重新开车上路了。有趣的是，随后的几年里，她不断要求孩子每天都夸夸兄弟姐妹。结果呢？他们之间的争斗大大减少了。

根据我的经验来看，男孩比女孩更容易改变他们的措辞。也许这是因为他们说话更少的缘故，也许是因为他们天生就喜欢解决问题。如果他们确信需要做什么，他们就会去做，不太关注为什么或怎么办。

教导男孩言辞得体，可以改变他的思维方式。通过简单地改变他的措词或他说话的语气，他就可以换个角度来思考问题。许多男人都明白这一点，因此他们会管好自己的舌头。成功的男人完全知道话语的力量：它不仅仅会影响他人，也会深刻地影响自己的心灵。在你教导男孩这样做以后，要留意他的行为。当男孩学会约束自己的舌头时，他的思维就会改变，他的行动也是如此。他会更努力地学习，选择不同的活动，他的兴趣也会发生变化。他整个人都会变个样子。

就像正直、温柔、勇气及谦卑等各种美德一样，善良必须被善加利用。所有这些美德都存在于每个男孩身上。但如果没人告诉男孩，让他们知道自己的本性中就具备这些美德，伟大的男子汉也必须具有这些美德，那么它们就会沉睡甚至消亡。亲自向他展示善良，并让他意识到善良之人应该担负的道德责任。

如果男孩在成长过程中没有接受这些美德教育，就会过着空虚的生活。从未学习如何培养勇气的男孩永远不知道，成为男子汉是种什么样的感觉。同样，如果男孩蔑视真理，认为谎言总是可行甚至有益的，他就永远感受不到完满的男子汉精神、自尊、荣誉和真理。

谦卑让男孩融入到他人的生活中去，为他们打开了诚实和亲密情谊的大门。只有当男孩珍视他人时，才能真正开始尊重自己。谦卑带来了自由，让人努力工作，珍爱他人。温柔要求人具有所有这些美德。温柔的男人会勇敢地生活，因为他们了解自己的力量，并知道如何驾驭它。温柔是真正的男子汉气魄，当我们谈到绅士时，说的就是这个意思。当需要强力出击时，他们会强力出击。当需要善良时，他们也会珍爱他人。

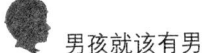
男孩就该有男孩样

  每个男孩都应该接受这些美德教育:它们通向真正的男子汉气概。这些美德会让男孩始终走在正道上。

  在儿子的人生中,只有极少数成年人会教给他人生中最重要的功课。作为他的父母,我们要珍惜时光。如果让他看三小时电视、玩两小时电脑,甚至上六小时课,他是学不会这些美德的。他需要向你学习,看你如何将它们付诸实践。现在就是帮助儿子成为理想男子汉的最佳时机,他正等待着你的教导。

了解孩子天生气质,实现因材施教!

扫码免费听《发现孩子天生气质》,
20分钟获得该书精华内容。

Chapter 12
Ten Tips for Making Sure You Get It Right

第 12 章
十招确保你调教有方

男孩应该知道自己的使命,他降生在地球上是为了给他人的生活带来积极的改变。

第 12 章
十招确保你调教有方

我们挚爱的男孩并非是偶然出现在我们生命之中的。你是他的父亲、母亲、老师或祖父母,他会陪伴你,因为他需要从你这里得到某些特殊的东西。他不希望得到别人的认可、喜爱和钦佩,但他希望得到你的,而且单单是你的。如果没有得到这些,他的生活就会变得空虚而迷茫。但是,当你开始给予他友爱和情意、鼓励和爱时,他的生活就会发生变化。

如果你和儿子关系亲密,就能确切地了解我的意思。如果你是个母亲,你就会知道,爱儿子并获得他的爱,会让你的生命变得难以言说地丰富。如果你是个父亲并有幸与儿子保持着密切的关系,那么,随着他的成长,你就会看到自己身上最好的优点体现在他的性格之中。

但也许你没有那么幸运。也许你与儿子的关系已经破碎或疏远,你的精力已经耗尽。不过,你还是应该聆听良知的声音。它会告诉你,和解仍然是可能的,你还可以做出努力。你能够成功,因为你拥有成功的条件;当你努力时,痛苦就会消失。不管是 15 岁还是 50 岁,儿子都需要你。他会始终渴望得到父母的认同。作为成年人,你必须迈出第一步。

天下最高尚的事情,莫过于将男孩塑造为男子汉。我们需要更多优秀的男子汉,你可以为此尽些力量。培养出色的儿子是项艰巨的任务,但根据我的经验来看,有十项基本原则是所有成功的父母都必须遵守的。

做他安全的港湾

儿子从婴儿阶段开始,他与你的关系就为他的世界定下了基调。如果你值得信赖,他就会相信别人。如果你爱挑剔,他就会保护自己,避免过分接近任何人。你成为他的情绪过滤器。他未来的所有人际关系都取决于他与你的关系框架。

对于儿子来说,父亲比生命更重要,而母亲则决定了他的小小世界的舒适程度。如果你不在,必须有人填补你的位置,否则他的世界就会崩溃。在男孩读小学期间,他的感受、经验和思想都会继续围绕着他与父母的关系来发展。如果这种关系很牢靠,他的校园生活会更富有成效、更愉快。如果你们在他上学之前发生了争执,他可能会数学测试不及格或忘记交作业。你们的关系会影响他生活的方方面面。

当儿子进入青春期时,他会审视自己与你的关系。如果你们的关系很牢靠,他会更顺利地成长为男子汉。如果你们关系不好,他的青春期就会充满愤怒和反叛,因为他在奋力摆脱你的影响,同时要经历独立所带来的心理创伤。在健康的父子/母子关系中,很少有"未了的心愿",所以青少年与父母的必然分离所产生的创伤要小得多。如果父母去世,儿子曾经与父母关系亲密,他会感到悲伤,然后继续前进。如果男孩还有未了的心愿或尚未愈合的伤口,在父母去世后,他可能会沉溺在悲痛之中。就某些方面来说,青春期是悲伤的时刻。在青少年时期,男孩会故意抛弃少年期的种种人际关系,培养更成熟的关系。

美国明尼苏达大学的研究人员研究了许多青少年男女,以便识别哪些因素最显著地影响了他们决定是否饮酒、服药或发生性行为。如果我们调查 2000 位家长,多数人可能会说,青少年最容易受到同龄人压力的影响。但我们可能错了。父母对男孩的生活影响最大。他与父母的关系是预测其未来决策的最佳指示器。有趣的是,深入地研究这项调查,我们会看到,真正影响男孩决策的不仅仅是父母的言辞,也不仅仅是父母的管教,而是他与父母的联系——儿子对于家庭浓浓的归属感。他感受到，他真实的样子会受到赞赏、喜爱和肯定。

如果你觉得自己在儿子的生活中可有可无，那就大错特错了。请改变你的思维角度。要知道，没有人比你对他更重要，同时也要让他知道，你会永远在那里帮助他。要主动关爱他，坚持陪伴他，这样你就会改变他的人生历程。

由内而外地培养他

在年轻人的生活中，品行比成绩更重要。你可以培养出一个超级明星，让他在四年里每年打三场校际体育比赛，取得优异的ACT或SAT成绩，并自主挑选常青藤联盟中的学校。但如果他撒谎、自私、不尊重自己或他人，谁会在意他最终选择什么职业呢？他会很可怜。

年轻人的幸福感来自健康的人格，而不是来自跳高特长或在标准化考试中取得的好成绩。你的儿子已经知道你对于他的表现的评价。当你在他学完钢琴以后载着他急急忙忙去进行篮球练习时，他已经感觉到了车内的紧张气氛。你可能已经告诉他，你让他学习额外的课程，为他请教练或家教，是为了帮他取得成功，他应该心存感激。他知道，高分比低分好，进球比失球好，唱出高音比唱不出好。但他需要知道你对他这个人的看法。你喜欢他言行背后体现出来的更深层的东西——他的性格吗？关于男孩，有个奇妙的事实就是：他们不容易受到糊弄。他们明白父母为什么做某件事，他们能轻易地识别我们的动机——事实上，他们从5岁开始就能做到这点。

如果他们能看到，他们的性格对我们来说最重要，那么这无疑要好得多。当男孩懂得良好品格意味着美好人生的时候，我们就可以开始塑造他们的品格。成功的父母会得到回报，他们会看到自己3岁的儿子意识到，需要善待他的妹妹。5岁时，他本想撒谎却向幼儿园老师说了真话，他会

男孩就该有男孩样

为此感到骄傲。9岁时,同学威胁他,要他帮忙遮掩作弊这件事,他拒而不从并感到问心无愧(他肯定有段时间不受欢迎,但他觉得,勇气比什么都重要)。14岁时,他会像个男子汉那样,告诉某个风骚的女孩,让她别再给他发黄色短信了(当然他试图友好地回应,但他了解到,他的身体是自己的,不是她的,而且他在学习驾驭自己的身体,并非常看重那种自律意识)。当他18岁进入大学一年级的时候,他背弃了与铁杆哥们儿的誓言,因为他不愿意喝得酩酊大醉。他承认,现在他似乎有点不合群,但他自身的勇敢让他感到安慰。他觉得不必为了合群而做各种蠢事,做个特立独行的男子汉会让他感到骄傲而自信。

男孩希望父母更深地了解他们的生活,也希望别人钦佩他们的品行,而不是表现。因为他们知道,品行决定了他们的本质;如果他们品行端正,与其他事物相比,他们会从中获得更多的满足感。

如果我们对儿子的教育失败,就是失败在这个地方。我们在尽力为孩子创造机会,让他们在运动、教育或艺术方面脱颖而出,却忽视了他们的个性培养。诚然,男孩可以通过竞争和各种学术特长来培养个性,但幸福则完全不是这么回事。对于男孩来说,诚实应考得到"B"比作弊得到"A"更有价值;通过顽强毅力而获得的出色成绩,比多年参加收费昂贵的课程而获得好成绩更有价值。每位家长面临的最重要问题应该是:我儿子25岁时会拥有怎样的个性?要重点关注这件事,这样当他离开家时,便会成为一个诚实、勇敢、体贴、尊重自己和他人的年轻人。

激发他的男子汉气概

男孩想知道如何担任领导角色。观察他们玩耍时的情景。每个男孩都想做童子军的将军,或者率先进球得分的人。领袖欲是男性的天然本能。所以,请告诉你的儿子,领导者意味着什么,如何表现出真正的领导能力,权力伴随着哪些责任,以及领导者应该如何学习帮助而不是伤害他人。领导力是力量的标志，但不要让它成为唯我独尊的标志。

领导力对于男孩很重要，这不仅是因为领导力源于他们的男性本能，也是因为这对他们的成熟是必不可少的。很多男孩在成长的过程中需要克服自我怀疑。他们害怕失败或受到拒绝，因而会退缩不前。他们不敢邀请漂亮的女孩出去约会，因为他们害怕她会说"不"。还有些男孩不敢尝试参加摔跤队，因为他们害怕自己没有竞争力，或被淘汰而丧失颜面。

你需要帮助儿子消除自我怀疑。他不擅长的事，就不要骗他说他很优秀，而要教导他认识到，尝试和失败是成为强大的男性领导者的必经之路。历史上有许多名人在反复尝试和失败之后，最终成为了伟大的人物（有很多这样的例子，其中包括亚伯拉罕·林肯和温斯顿·丘吉尔）。可以找这种例子来激励孩子。

男孩是天生的保护者。他们本能地想要凭借自己的体力、智力或情感能力，来维护他人的幸福。保护欲是一种美好的品质。可悲的是，许多男孩和男人都丧失了这种品质；因为别人告诉他们，这种品质是不必要的。他们认为没有人需要它，所以将它搁置起来，自己也因此感到沮丧。

要教导儿子尊重自己的直觉。如果他的同学数学成绩不好，而你的儿子是个数学神童，鼓励他帮助那个同学。如果你的儿子很高大，教他在操场上保护那些身材瘦小的孩子。如果他与人约会，教导他尊敬女朋友，保护她远离危险。如果他带她参加海滩派对，每个人都喝醉了，此时如果他觉得带她到别的地方可以"保护"她，而不是觉得自己没有保护她的义务，那么他就可能会离开海滩。

现在，我来透露点所有女孩和大多数成年女性的小心思吧。多数女性喜欢被人保护。她们不喜欢被控制或操纵，但希望受到呵护，甚至希望看到别人愿意拼死保护她。所以请从儿子幼年开始，就鼓励他发挥男性的保护天性。他会喜欢这种天性，因为这让他感到强大而成熟。这让他在帮助别人的同时，自身也能获得幸福感。

每个男孩都需要感到他对家人或朋友很重要。他想要并需要给予某些独特的、完全男性化的东西。因此要鼓励他。哪些东西是他擅长且他人无法给予的？帮助他发现他可以给予哪些东西，以便让其他人生活得更幸福。在遵从这些本能时，他就会开始感到，自己正在发挥男子汉的力量。这种能力对健康的男子汉精神是极为重要的。男人之所以常常用赚钱能力、领导能力或保护家人的能力来定义自己，是因为男人（男孩）确实需要感到他们正在帮助他人。这对于他们的自尊至为关键。男孩想要给予、保护和带领的愿望可以让他成为好丈夫、好老板和好父亲。帮助他引导和践行这些本能吧。

引领他找到目标和激情

每个男孩都有天生的使命。他们需要知道这点。他的出生不是偶然。他存在这个世界上，是为了完成某件事，成为某个独特的人。我们可能无法教导他应该从事何种职业，但可以教导他应该成为怎样的人。更重要的是，我们应该让他知道，他有个使命，他降生在地球上是为了给他人的生活带来积极的改变。认识到这点会让男孩大大地摆脱束缚，因为他会开始从更宏观的背景来认识他的人生。在这个宏观的体系中，他的行为非常重要。他会明白，如果他天生应该实现某个目标，那么某种更高的力量会沿路提供帮助。这个想法同时能够解放他，鼓舞他，安慰他。

如果你想确保孩子对生活拥有健康的热情，那就这样引导他，因为激情会追随着使命。父母只能很有限地激励孩子。我们可以通过刺激、哄骗、贿赂和鼓励等方式，让孩子取得好成绩、举止有礼、每晚刷牙……但最大的动力却源于他自身的激情和使命感。当男孩开始体验到完成天生使命所带来的巨大满足感时，他就会想要实践各种美德。因为他会意识到，要达到他的目标，需要具备前所未有的勇气，需要诚实地始终忠于他的目标。此外，他无疑也需要自律，以便将力量和精力集中到所需的方向。实现人生目标的激情能够将美德融入他的性格当中。

很少有男孩知道他们人生的目标。有些人认为，根本没有任何理由。他们认为自己的生活没有目的，没有意义。结果，他们没有健康的激情，没有动力，心中也缺乏实践各种美德的动因。所以他们就会伤害自己和他人。要确保儿子不要沦为这种迷途的男孩。确保他认识到自己的人生具有目的，并慢慢帮助他发现这个目的是什么。

教导他乐于助人

优秀父母的首要目标就是，在男孩从童年成长到成年的过程中，引导他如何关爱他人，并能优先考虑他人的需求。

大卫是密歇根大学的大三学生，在班级排名前5%。鉴于他的专业是生物工程，这个成绩显得尤为出色。我有幸看着大卫长大，我可以诚实地说，尽管他智力超群，但这并不是他最大的资本，他的心才是。

14岁的时候，大卫开始每月花一天时间，与其他几个学生在流动厨房里做志愿者。他家境贫寒，母亲是残疾人，患有神经失常。他的父亲养家糊口，每周工作50小时，并为家人打包午餐。此外，他每天早上还得将所有孩子都安全地送上校车。

大卫说，起初他在流动厨房工作只是为了远离家庭。周末家里很嘈杂，而且气氛紧张。但很快，他就迷上了这个工作。他发现，他喜欢和朋友们共事，将食物从当地餐馆送到教堂的地下室，并摆好塑料刀叉和佳得乐。他说不出自己喜欢这份工作的具体原因，他只知道自己喜欢。大卫知道来到流动厨房的每个穷人的名字（包括喝得烂醉以后必须由警察送回去的人），以及他们住宿的地方（无论是桥下的板棚屋，还是爱心小屋）。后来他扩大了他的志愿工作服务的范围。他会打电话给朋友，问他们是否有要扔掉的杂物——衣服、鞋子、袜子等。如果他们有，他会搜集起来，把各式各样的衣服和其他物品带到流动厨房，给那些不仅仅需要食物的人。

在离家上大学之前，大卫来见我。他全身发抖。我问发生了什么事。

"兰迪三天前去世了。"他说,然后低下头,掩面无声地哭泣起来。我静静地等待着。"生命真是不公平,"他开始说话,"我真的以为他会好起来。他有份差事,参加戒酒聚会,送比萨。在他死前几天我最后见到他时,我们甚至还谈到,让他将来帮我再开办一个流动厨房。他不是个失败者。他得到过,拥有过,几乎就成功了。"

"后来怎么了?"

"肯定有什么事击垮了他。他戒酒六个月了,生活正在走上正轨。他在一座房子里租了一个房间。但后来,他在晚上走出自己的房子,我猜他喝了几杯,然后醉倒了。直到第二天早上,才有人发现他。他死了——死在雪堆里面。"大卫谈到兰迪时,好像他是他最好的朋友。也许是的。这个18岁的男孩在为那个在雪堆里冻死的52岁的男人哭泣。

过了一会儿,我轻声地试图转移话题。我们谈到他最初去流动厨房的原因。如果他是为了远离生活的压力,避开总是哭泣的母亲,那为什么要去这种每个人都有严重问题的地方呢?为什么不跟朋友出去玩或打篮球呢?

"你会觉得我傻,但这是事实。我去是因为我的爸爸。"

"是他让你去的?"

"噢,不不。我留神观察过他。我外婆住在隔壁,你可能认识她。不管发生什么事,每天早上,甚至冬天也不例外,在我们上学以前,我都会看到爸爸离开家去她那里。他会扫除车道上的积雪,并铲走人行道上的雪。然后他会自己进屋,待上片刻以后再回家。这是他每天早上的惯例。有一天,我问他为什么。他告诉我,他过去是为了确保她没事。他会为她准备好薄荷茶和面包,然后回家送我们上学。最了不起的是,她并不是他的母亲。我妈妈总是埋怨不断,怨他在家不爱干活,从来都不够关心她或她的母亲。但他其实很关心。说到底,他是我的英雄。他只是做他认为应该做的事,我从来没有听到他抱怨过。我真的觉得他明白人生的真谛,我想知道这个真谛是什么。我想到的最好方法就是效法他的行为。他帮助别人,所以我也去帮助别人。"

大卫的人生深刻而又单纯。他效法父亲去服务他人,明白了生活的全部真谛。他知道了他的使命。这不仅帮助他成为了出色的学生,还成为了优秀而理智的年轻人。他明白,当我们走近他人,为他们服务,人类的情操就会升华,生活会变得更加广阔,呈现出更多的意义。

乐于助人的男孩能够学会忍耐和同情。他们不再妄自尊大,而是具有了真正的谦卑。他们知道,爱是善行,毫不期待回报的爱是值得的。他们对于自我、他人和世界有了更深更成熟的认识。他们很少谈论自己,却会问更多问题。他们会观察外界,看看何时需要伸出援手,然后通过各种方式带来变化。服务他人的男人会成为更好的丈夫和父亲,因为他们体验过优先考虑他人需求所带来的满足感。

如果你想要儿子拥有这种天赋,那就找到一个建筑项目,让他去钉钉子。放弃看日场电影或逛商场的机会,转而利用这些时间来收集冬衣和鞋子,分发给穷人们。可以带儿子去流动厨房,给饥饿的人发放三明治并用话语鼓励他们。通过这样做,儿子就会知道,不应该满足于事业有成,而是真正在生活中多做好事。

教育他尊重自己和他人

假设你是个 15 岁的男孩,在读十年级。你早上起床,跳上校车,冲到前面的座位上。因为你累了,不想让后座上吵闹而粗暴的男孩打搅到你。但你当然无法避开他们,因为他们会高唱着新的流行歌曲,希望能被别人听到,以证明自己有多酷,多么有男子气。

你走进教室,暗暗发着牢骚,因为今天有健康教育课——你认为这种课纯粹是浪费时间。你的体育老师是个 40 多岁的女人,身着紫色的运动服,给全班讲解性知识。有些男生挥动拳头大声欢呼(当然他们只是为了哗众取宠),女孩们开始笑。

男孩就该有男孩样

　　接着全班开始沸腾起来。老师举起五包安全套，想要确保每个男孩都知道这是什么，如何使用，并在钱包里多放几个。她说，如果你打算发生性关系，就需要保证安全。然后，她显出很酷的样子，笑着说，这些"救星"有各种颜色和味道。男孩喊叫得更厉害了，更多女孩们则咯咯地笑起来。

　　你离开教室的时候，心里感到恶心。虽然下课了，教室后面欢呼雀跃的几个人却在继续大笑大闹，但你的大部分伙伴都安静地坐着或盯着自己的鞋子。你去寄物柜取了几本书，途中经过几对卿卿我我的情侣。接下来是几何课。老师让同学们把作业交上去，但只有半数人交了。他责备了其他人，但没有人在意。那些没做功课的人再三问着各种问题。你意识到，并非他们不知道答案，他们只是为了消磨时间……老师没发现这点。

　　放学后，为了放松一下，你看了一小时 MTV，然后去足球训练场。Jay-Z 发行了新视频，你只想瞄一眼。训练完以后，你回到家，吃晚餐（也许端着碗在电视机前吃），做完很少的作业，然后插入 iPod，通过听音乐来舒展心情，最后你上床睡觉。

　　很多男孩过的就是这样的生活。在你儿子的日常生活中，他从哪里懂得自己值得尊重呢？在葡萄口味的安全套中找不到尊重。从他那些还远不够成熟（可能永远也不会成熟）的同龄人那里找不到尊重。情景喜剧或流行音乐中也没有。

　　每个男孩都希望得到尊重。但如果在他的日常生活里，人们接二连三地试图摧毁他的节制、情感、智力和能力，那么他就很难获得自尊。他注意到，成人都认为十几岁的男孩动机不良。而且，他很难超越这种看法，尤其是当它们来自父母、老师和教练时。他希望他们和他说话时，能够将他视为年轻的成年人，不是个老想着喝酒、嗑药或发生性关系的花花公子，而是个有着高尚志向的年轻人。难道成年人不应该确立原则，提高标准（不仅为他，也为他那些粗暴的同学）吗？他希望他们能这样。

　　你无法控制他受到的所有这些影响，但你无疑可以控制你自己对他的影响，而且你的影响对他来说最为重要。你的儿子极度渴望有人——尤其是你，他的母亲或父亲——认为，他不仅仅是一坨毫无思想、只会分泌雄性激素的160磅重的肉体。

所以，请教会他如何尊重自己。通过尊重他人，男孩学会了自尊。父亲让儿子进门的时候，不要抢在女人甚至是小孩的前面。教他如何有礼貌地说话。告诉他，这很重要，因为他的话会产生影响。的确，你说话时的字眼会影响自己的心情以及对方的态度。他需要以积极的态度思考和行动。当我们教导孩子养成礼貌待人的习惯以后，他们就会较少关注自己，而会更关注他人。相应地，他们也会赢得同龄人以及成年人的尊重。尊重别人就是尊重自己。

很多成年人对男孩说话的方式，让我感到震惊。走在商场里，你会听见妈妈骂他们年幼的儿子愚蠢、懒惰，甚至无用无能。老师、职员和教练会用很多方式来贬低男孩，但他们从来不会这样对待女孩子。这种做法对任何人都没有好处。

如果你是个很难克制自己脾气的家长，并且发现自己会不断地侮辱和批评儿子，拿他出气，那你就得面对这个问题。可以想些措施。没有哪个年轻的男孩或男人应该被辱骂、再三批评，或反复受到惩罚。生活在这种环境中的男孩，会耗尽平生来向他人"证明"自己应该得到尊重，他们会让自己和亲人的生活充满痛苦。

有必要在这里给父亲提个醒。儿子主要从父亲那里学会自尊。在你儿子眼里，你就是男子汉精神的化身。如果你尊重他，那么即便世界上其余的人想要践踏他，他们也做不到。

所以，请父亲千万注意自己和儿子的说话方式。仔细斟酌字眼，选择恰当的语气。别开玩笑说他像个窝囊废或女孩。你的话会打击到他的自尊，产生难以愈合的影响。不要苛责或批评他，在他只有8岁的时候就告诉他要"做个男子汉"。他还只是个孩子，不可能成为男子汉。你可以教给他任何你希望他明白的东西，但你必须始终注意你的表达方式；你得让他知

男孩就该有男孩样

道,你尊重他这个男孩。至于他的行为,不要管他朋友的父母的期望,告诉他你对他的期望。更重要的是,成为他的榜样。向他展示自尊、自律、礼貌和体贴的谈话是怎样的。这会改变他的生活。

鼓励他坚持不懈

有时候,养育男孩最困难的事情就是,当你听到他再三摔房门的时候,仍然要坚持去爱他。

为人父母并非易事。就好像多年教导满教室的九年级学生会让人变得冷漠无情。当然,治疗那些孤独的、打扮得不伦不类、对世界充满愤怒的男孩,也会让许多医生无奈地摇头,并重新设计他们的治疗方案。他们宁愿跟健康的男性和女性打交道,而不是讨厌的青少年。

爱我们的儿子需要毅力和刚强的意志,你绝不能放弃对他们的爱。必要的时候,可以稍事休息,但绝不要放弃。努力到他25岁为止,那时他就会成为合你心意的年轻人。而在那之前,年轻人都还不是个"成品"。有些人甚至到23岁的时候,大脑还没有完全发育成熟。因此,我们绝不能放弃。

这里要给家长们布置一个艰巨的任务。今天,就在此刻,做出承诺:将陪伴儿子的时间增加一倍。你觉得自己没时间?肯定有。办事时带着他,关掉电视里的晚间新闻,辅导他做作业,早餐时跟他交流,下班后陪他玩玩球,或周末带他钓鱼。他需要生活在你身边。

当我们治疗吸毒、酗酒和抑郁的问题男孩时,会将他安排到特定的小组里,让他几乎整日都与成人打交道。男孩堕落得越深,就越是需要有可靠的成年人来伸出援手,鼓励他,引导他,管教他,帮助他规划生活,让他可以从男孩成长为男子汉。

父子相处的时间再多都不为过。男孩在进入青春期后,父子两人往往都会对对方感到腻烦。但是作为成人,你不能这样认为。你要坚持不懈,陪在他身边，和他待在同一屋檐下。尽量不要离家出游（除非全家都去），缩短工作时间，直到他长大为止。因为如果他离开家，让他回来就要困难多了。

如果你的儿子是个好孩子，那你就得让他知道，你喜欢他。如果他遇到麻烦，让他知道，你可以帮上很大的忙。所以，不要离开他。要保持冷静和克制，不要让他由于没有你的鼓励而崩溃。要实现这一点的唯一方法就是，待在他身边，至少等到他25岁。

成为他心目中的英雄

男孩到处寻找英雄主义的榜样，因为他们自己想要成为英雄，想要看到勇气、正直和高贵的行为。为了看到这些美德，男孩首先会转向自己的父亲。比起任何运动员、摇滚明星或电影明星来说，他更希望身为父亲的你成为他心目中的英雄。你不必额外费力就能成为他的英雄，因为你本来就是，只要你的行为不辱没这个头衔（除非你特别差劲才会丢掉这个头衔）。

一个卓有成就的律师近日对我说，每个人都渴望达到或超越父亲的成就。要从专业上来衡量成功非常容易，但就品性来说，它具有更深的含义。每个男孩都想达到或超越他父亲的正直、勇气、忠诚、谦逊或智慧。他试图达到或超过的标准，是你通过自己的身体力行来为他制定的；他希望达到或超过这些标准，以便获得（或更多获得）你的爱和认可。

很多男孩并不走运，他们的父亲并不能始终保持这种英雄的地位。也许他的父亲离开了家，住在遥远的地方。他们偶尔会通电话或发电子邮件，以此来维持父子关系，而双方打电话和写信时都感到很不自然。通常情况下，男孩在父母离婚以后，会对父亲耿耿于怀。如果他们的父亲抛弃了母亲，他们很难觉得父亲是英雄。但也许你没有抛弃她，而是她因为某些原因主动和你离婚的。如果你是个被迫与儿子分开的父亲，你应该知

道,他迫切地希望你成为他心目中的英雄。这意味着你需要做很多事情:主动联系儿子,给他写信、打电话,尽量多去看他。如果你做出了努力,他会将你放在理想的位置。你永远都不会后悔。

也许你是个单身母亲,你儿子的父亲根本就不在乎他。你可以成为他的英雄吗?当然可以。他会将他对英雄的期待和愿望转移到你身上。这些期待和愿望会有所不同,但如果你向他展示什么是爱、正直、勇气和坚毅,你就会成为他心中完美的英雄。

男孩对于英雄的期待是怎样的?英雄是诚实勇敢、坚守正义的。他们不欺骗,也不自私。

当小男孩看到成年人撒谎时,他会感到困惑;因为他知道什么是对的,什么是错的。当男孩信任的成年人欺骗他人时,他会极度失望。当母亲有外遇或父亲卷入商业丑闻时,男孩会觉得他的世界崩溃了。

当男孩想起英雄时,他们不会想到那些家财万贯或臭名昭著的人。男孩没有那么愚钝。他们坚定地崇拜那些真正出类拔萃的英雄。但在今天的世界里,男孩可能很难找到这样的英雄,因为媒体提供给我们的英雄形象是如此廉价而俗气。

如果你对儿子心目中的英雄(他模仿或尊敬的人)心存疑问,想要让他成为更好的男人,那就帮他找个英雄。看看周围。他人生中遇到的哪个成年人很了不起?谁在惩恶扬善?谁在牺牲自己并造福他人?

如果你张大眼睛,就会发现你周围那些普通男女的不平凡之处。可以在你儿子面前谈论他们,赞美他们的品德,讲述他们的故事。不要等到你找到完美的英雄再开口。有些人拥有勇气、诚实和自律等品质,在日常生活中深具魅力。你可以以他们为例,在儿子面前称赞他们的这些品行。经常赞美这种行为楷模,并在你自己的行为中体现出来,然后你会发现,你的儿子自然就会效法这些美德。

最后必须再给家长们提个醒。男孩需要找一个比他年长的英雄。必须有足够的年龄差距,以便他能够尊重,觉得对方更睿智、更成熟。如果将

第12章
十招确保你调教有方

男孩与同龄人进行比较,这对他没有任何好处。如果为了鼓励男孩怎样生活而去赞美他的同伴队友,就会产生事与愿违的结果。不管那个男孩的行为多么好,你的儿子都会觉得你在将他与那个男孩作比较。既然那个男孩是成功者,他就会觉得自己是失败者,并憎恨那个男孩的正确行为。然后,他会逃开。向他展示简单的英勇行为,并指出其他成年人的这些行为。那些比他大的人往往不容易对他产生压力。

给予他充分的关注

这些年我治疗了无数男孩,他们问题的答案通常都非常简单。身为父母,我们却没有发现这些答案,因为我们没有充分关注儿子。

也许由于母爱的天性使然,我很不喜欢那些不聆听孩子说话的成年人。我知道,我们——医生、教师、教练、母亲和父亲——都犯过这个错误。但如果我们不关注他们,我们的孩子就会付出沉重的代价。

科林11岁时首次来到我的诊所。他的母亲带着他,因为她感到沮丧而困惑。科林在私立学校上五年级,他的成绩正在持续不断地下滑。她说,从他小学三年级起,他的老师就要求面见家长,讨论他的行为以及学习上可能存在的问题。

"他的三年级老师首先注意到他很好动,"她说,"从那时候起,老师就开始要求他休息时间必须老老实实地待着。老师告诉他,如果他不照做,就不准他休息。"

这是对男孩的常见惩罚,这种做法几乎总是事与愿违。孩子,尤其是那些有多动症的孩子,需要到处活动。老师必须找到其他的管教方法,而不是遏制他的活力。

当科林的母亲在讲述三、四、五年级的老师怎样批评他的时候,科林却戴着帽子,穿着外套,盘腿坐在诊断室的椅子上,全神贯注地玩牛仔游戏。

"很明显,"她继续说,"他有多动症。所以我带他去看儿科医生。医生开了药，我觉得它很有效。他变安静了，但就像变了个人似的。他不想吃饭，不再讲好玩的笑话。我觉得他对我来说显得非常陌生。他的老师也注意到了这个巨大的变化。他们说，他注意力更集中了，他会举手发言，而不是直接插话。但我心里感到有些不舒服，我停了他的药。我知道我不应该这样做，但我只想他恢复以前的样子。"她看着我，眼神里带着点恳求，显得愧疚而困惑。

科林将脑袋在小小的电脑屏幕前埋得更低了，似乎想要躲藏起来。他拽了拽红色的针织滑雪帽，捂住了耳朵。

"科林，"我问，"你觉得上学好玩吗？"

他没有作声。他的母亲用胳膊碰了碰他。"医生在跟你说话呢，回答她。"

"很无聊。"他说，头也不抬。

"瞧，"她说，"我说得没错吧。他很没礼貌，在学校的时候，他不是闷声坐着，就是大喊大叫或惹是生非。有一天，我敲了他的房门，准备进去。结果我还没进门，他就把门砰地关上了。我试图打开房门，他却把门反锁了。他总是在制造麻烦！"

科林纹丝不动地坐在那里。我问了他妈妈更多问题。比如，科林的父亲有什么看法？她告诉我，他很生气，认为科林是被宠坏了。他告诉她，他小时候从来不敢这么任性，他自己的父亲不会容忍这种行为。

首次治疗的时候，我得知在二年级之前，科林是个随和、快乐、欢闹的男孩，学校里的所有人都喜欢他。二年级结束以后的那个暑假，他的祖父突然死于中风。当时，科林整夜都在祖父母身边。头天晚上他去睡觉，第二天早上醒来的时候，他的祖父就走了。科林非常爱他的祖父。因为他的祖父退休以后总是在家里，科林经常在放学后去他家玩。他们会一起玩拼图游戏，祖父还教科林怎样将木头挖成勺子。祖父去世以后，科林不愿意去看他的祖母。他说，那个房子是被诅咒的。他也从来不谈他的祖母或祖父。

"我们就让他独自待着，"他母亲说，"我丈夫和我有时候听见他深夜在房间里痛哭。我们不知道该说些什么，也不知道该怎么办，所以我们就让他独自待着。"

科林的父母听从我的要求，去见了几次家庭顾问。他的父亲不想去，说他没有问题，是他的儿子有问题。我说服了他的父亲，他的确有问题——他和儿子之间出了问题。他作为爸爸，需要共同想法解决这个问题。当孩子痛苦的时候，他的父母也会痛苦，他们必须参与其中，才能解决问题。

家庭顾问60多岁，是个很文静的人。科林的父亲说，他让他想起了科林的祖父。顾问告诉他如何帮科林从阴影中走出来，尤其是如何让他更平静地谈起他的祖父。他说，注意说话的时候语气要平静，每次问科林问题的时候，要耐心等待他的答复。如果他愿意回答，那固然很好；但如果他不回答，也不要强求他。

科林没有多动症。他只是无法排遣祖父去世带给他的悲痛。当他的父母意识到，他的不良行为只是体现了他内心的煎熬，而不是在反抗他们的时候，他们对科林的态度就发生了改变。他的父亲变得更有耐心了。晚上，他会念书给他听，表现出更多的爱。在科林11岁时，他成了科林心中理想的父亲：少些苛求，多些慈爱。

六个月以后，科林完全变了。他的成绩大幅提高，并主动要求学钢琴。他还会讲更多好玩的笑话。最重要的是，他和父母明白了催生他的"多动症"的原因：那是失去深爱的人以后给他带来的悲伤。

全心为他付出

男孩完全是情感动物。根据我的经验来看，很多男孩都比女孩更敏感，更容易受伤。有时候，我们看不到这点，因为男孩更严密地守护自己的情感。没有哪个男孩愿意在四年级的时候因为哭泣而受到嘲笑。他会觉得自己像个懦夫,"男孩的行为准则"要求他不能将这些情绪表达出来。尽管抑制强烈的情感有时对年轻男孩没有好处,但事实上,它可能对男孩的成长有利。自律始终是件好事。但男人的自律与男孩的情感封闭之间是有差异的。男孩不是男人,他们控制情绪的方式有着(或者应该有)巨大的差异。我们的任务就是密切关注孩子,确保他们的健康转变和情感发育。

如果男孩在同伴面前表现出勇敢行为,这完全无可厚非。但同样重要的是,他需要觉得自己可以和父亲并肩坐在书房里,或和母亲待在厨房里,表达内心深处的感情,并知道自己不会受到耻笑或拒绝。每个男孩都需要这个安全阀。

如果科林能够在家中当着父亲的面,痛痛快快地为祖父的去世而哭泣,他在学校近三年的困境本来是可以避免的。是他的父亲疏忽了吗?不,其实不是。他只是没有花时间仔细留意他的儿子,他不知道应该如何消除科林的悲伤。

父亲,请不要害怕儿子的情绪。是的,这些情感可能很强烈,无论是你还是他都无法假装它们并非如此。压抑情感事实上可能改变他的行为甚至发展方向。他可能会反常地蹦蹦跳跳,动手动脚;他的言辞可能会发生变化;他的睡眠习惯可能也会改变;他可能会结交新的朋友。他的情绪具有如此大的威力。

所以,要教导男孩接纳并理解自己的情绪。告诉他,悲伤是一种自然的情绪。告诉他,和女友分手时感到被拒绝是正常的。要对他有耐心,并告诉他,我们需要接纳并超越悲伤和被拒绝感。乐意跟他讨论各种事情,你的问话始终要简短明了,而且从不强迫他回答。仔细聆听他的回应。在他说话的时候观察他的表情和肢体语言。即使他自己也不太明白他想表达什么意思,他仍旧希望你理解他。你和儿子的感情越好,你就越愿意坐下来花时间陪伴他,他也就越能向你敞开心扉,信任你。要做到心口如一。当他向你袒露内心深处的想法或感情困扰时,千万不要批评他。要仔细聆听,然后你会通过各种迹象了解到,他是个什么样的人,他内心又想成为什么样的人。

如果男孩知道他们整个人——他们的能力、行为、思想和感情——都得到了尊重，他们就会成长为自信而成熟的男人。每个男孩都希望他喜爱和钦佩的人每天能更多地关注他。当他意识到有人在关注他的时候，他会留意自己的行为。他明白，在观察者的眼中（如果观察者是你），他非常重要。因此，留意你深爱的男孩吧，我们的儿子值得我们全心付出。

在我们的人生中，最艰巨、最恼人和最痛苦的事情，莫过于将男孩培养成男子汉。但它给我们带来的快乐也是任何其他事情都无法相比的。我无意中听到一个父亲含泪将18岁的儿子送进大学时对他说："说句实话，儿子，看到你已经成了男子汉，对我来说，没有什么比这更幸福的了。"

无论你是个资产管理人，还是医生、教师或建筑工人，你心灵深处都知道，事业有成给人带来的东西非常有限。它能带给你满足感，让你觉得自己很重要。但你也知道，有时候它会阻碍你和亲人建立更美满的关系。对于绝大多数人来说，这些关系是你人生快乐的真正来源。

有个男孩在等着你。他也许才2岁，也许已经22岁。他需要你去关注他，为他投入时间和精力，然后教导他生活、工作，以及生活的真正含义。他需要你——他的父母、祖父母、老师或导师——为他冒险。请深深地爱他，因为他看到的世界充满混乱和痛苦。世界是他的敌人，而你是他的盟友。向他表明，你会对抗这个世界，因为你非常严肃地承担起了引导他人生的责任。你还在等什么呢？

致 谢

深深地感谢我亲爱的家人，感谢你们在我漫长的写作过程中所体现出来的耐心。

感谢我的妈妈玛丽，感谢你持久的爱、支持与鼓励。你是个勇敢而坚强的女人。

感谢莱格尼里出版公司的玛姬·罗斯（Marji Ross）对我作品的信任；感谢哈利·克洛克(Harry Crocker)的灵感和出色的编辑工作；感谢凯特·弗兰兹（Kate Frantz）的编辑工作以及你对我的耐心。

感谢杰夫·卡尼尔（Jeff Carneal）让我再次有机会为优秀的出版公司撰稿。

感谢我出色的研究助手卡洛特·米克（Charlotte Meeker）、艾米·帕蒂尼（Amy Pardini）、安倍·瓦格纳（Amber Wagner）、卡拉·弗兰西斯科（Kara Francisco)的杰出工作。

最后，我还要感谢安妮·曼恩（Anne Mann），感谢你的忠诚和辛劳，你真是一个很好的朋友。

图书在版编目(CIP)数据

男孩就该有男孩样/(美)米克著;聂传炎译. --北京:中央编译出版社,2015.6(2022.3重印)
ISBN 978-7-5117-2386-4

①男… Ⅱ.①米…②聂… Ⅲ.①男性—家庭教育 Ⅳ.①G78

中国版本图书馆CIP数据核字(2014)第255066号

Boys Should Be Boys: 7 Secrets to Raising Healthy Sons
Copyright © 2008 by Meg Meeker,M.D.
This edition arranged with Regnery Publishing
Through Big Apple Agency,Inc.,Labuan,Malaysia.
Simplified Chinese edition copyright:2015 Beijing Green Beans Book Co.,Ltd.
All rights reserved.

男孩就该有男孩样

责任编辑	廖晓莹
责任印制	刘　慧
出版发行	中央编译出版社
地　　址	北京市海淀区北四环西路69号(100080)
电　　话	(010)55627391(总编室)　(010)55627310(编辑室)
	(010)55627320(发行部)　(010)55627377(新技术部)
经　　销	全国新华书店
印　　刷	天津旭丰源印刷有限公司
开　　本	710毫米×1000毫米 1/16
字　　数	200千字
印　　张	14.75
版　　次	2015年6月第1版
印　　次	2022年3月第7次印刷
定　　价	29.80元

新浪微博:@中央编译出版社　　微　信:中央编译出版社(ID:cctphome)
淘宝店铺:中央编译出版社直销店(http://shop108367160.taobao.com)(010)55627331

本社常年法律顾问:北京市吴栾赵阎律师事务所律师　闫军　梁勤
凡有印装质量问题,本社负责调换,电话:(010)55626985